中国历史人物关系简述

中国地图出版社◎编著

中国地图出版社
·北京·

图书在版编目（CIP）数据

中国历史人物关系简述 / 中国地图出版社编著 . 北京 : 中国地图出版社，2025. 7. -- ISBN 978-7-5204-4983-0

Ⅰ . K820-49

中国国家版本馆 CIP 数据核字第 2025GV7091 号

ZHONGGUO LISHI RENWU GUANXI JIANSHU

中国历史人物关系简述

出版发行	中国地图出版社	邮政编码	100054
社　　址	北京市西城区白纸坊西街 3 号	网　　址	www.sinomaps.com
电　　话	010-83490076　83495213	经　　销	新华书店
印　　刷	保定市铭泰达印刷有限公司	印　　张	6.25
成品规格	170 mm × 240 mm		
版　　次	2025 年 7 月第 1 版	印　　次	2025 年 7 月河北第 1 次印刷
定　　价	29.80 元		
书　　号	ISBN 978-7-5204-4983-0		

前言

中国历史的学习，离不开时间、地点、人物、事件四个维度，可见“谁”是读史时需要重点掌握的内容。过去，我们热衷于挖掘历史人物的生平，事无巨细地考证他们生命过程中的每一个细节，并取得了很多不错的成果。不过，单一历史人物不是孤立存在的，他（她）的一生是不断与他人互动的过程。而每个人与他人的互动史、交往史构成了历史的全貌。换言之，单一历史人物是个点，他（她）与他人的关系是条线，而众多人物关系线就构成了人际网络。在这张大网上，我们可以看到中华上下五千年的厚重。

《中国历史人物关系简述》由点及线，由线及面，以人物关系图表揭示历朝历代的人际网络。在这本书中，重要人物、重大事件均出现在有关图表的恰当位置，帮助读者从崭新的视角解读中国历史。本书共分23个单元，涉及远古至清朝前期的中国历史。在每个单元中，都有1幅或多幅人物关系图表，与之配套的是萌趣的图书设计、翔实的解说文字和精美的图片。

《中国历史人物关系简述》紧扣初中历史教材，其中展现的人际网络可以一“网”打尽重要考点。广大考生在学习教材的同时阅读本书，能够收到事半功倍的效果。

目录

符号	含义
←	上下级（箭头指向下级）
↔	对抗
↔	婚姻
←	亲子（箭头指向子女）
←	直接继承（箭头指向继承人）
←┈┈	隔代继承（箭头指向继承人）

远古的传说

远古时代人物关系

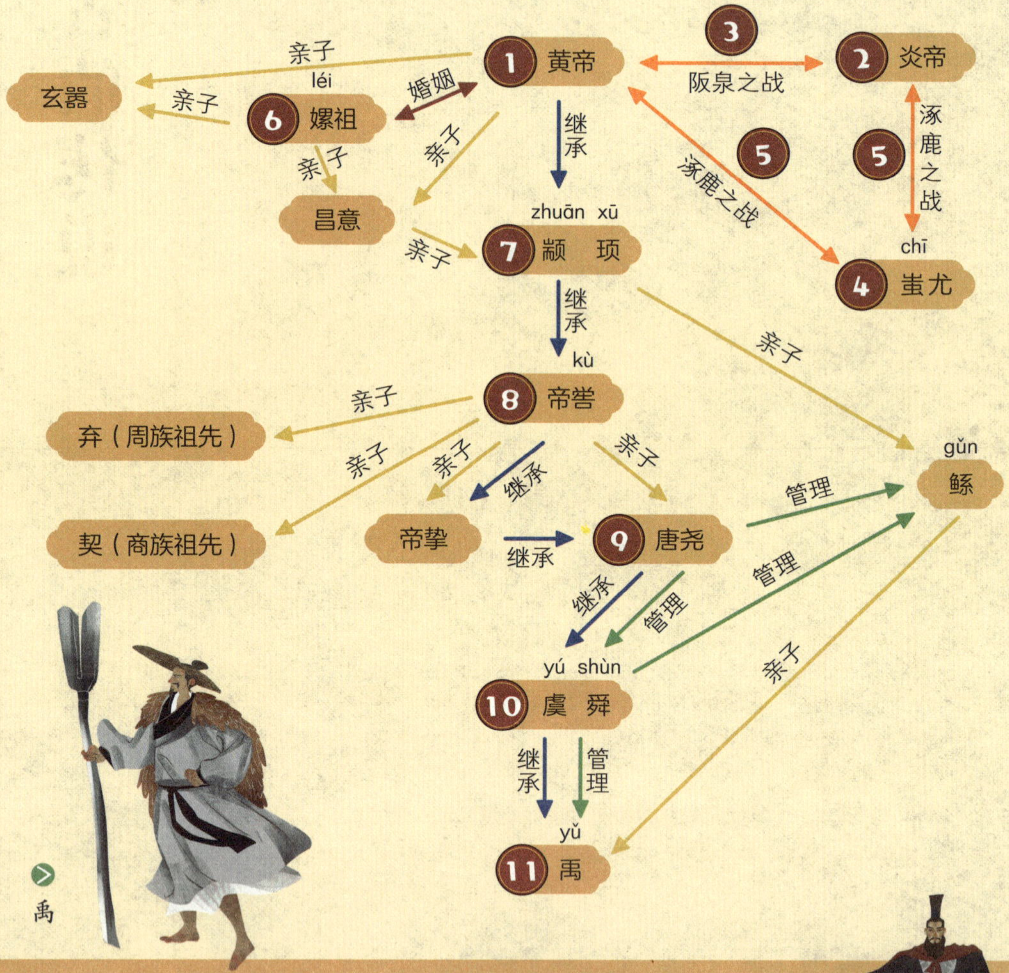

禹

黄帝 少典之子，姬姓，号轩辕氏、有熊氏。传说，在黄帝时代，仓颉创造了文字，伶伦制作了音律，隶首发明了算盘。

算盘

黄帝像

2

炎帝 号烈山氏，亦作“厉山氏”。传说，炎帝教民开垦耕种，制作生产工具，种植五谷和蔬菜。他还制作陶器，会煮盐，教人们交换物品。

陶器

3

阪泉之战 相传，黄帝与炎帝战于阪泉之野，其今地在河北省涿鹿县东南。炎帝战败，归顺黄帝，炎黄组成联盟，并成为中华民族的祖先。

4

蚩尤 东方九黎族首领，会制造兵器，有兄弟八十一人。

黄帝战蚩尤

5

涿鹿之战 相传，炎黄联盟与蚩尤战于涿鹿之野，其今地在河北省涿鹿县东南。蚩尤战败，其部落的一部分被纳入炎黄联盟，黄帝则成为部落联盟首领。也有人认为，黄帝想要合天下为一家，蚩尤制造各类兵器，帮助黄帝兼并各部落。

6

嫘祖 西陵氏之女、黄帝正妃。嫘祖会缫丝，擅长纺织。她与黄帝育有玄嚣、昌意二子。

7

颛顼 号高阳氏，昌意之子。颛顼生于若水，居于帝丘（今河南省濮阳县东南）。黄帝去世，颛顼继为部落联盟首领。

8

帝喾 号高辛氏，玄嚣之孙。帝喾有四子：弃（周族祖先）、契（商族祖先）、唐尧、帝挚。

9

唐尧 号陶唐氏，名放勋。帝喾死后，帝挚继位，后禅让于唐尧。唐尧命颛顼之子鲧治水，九年不成。他死后，由舜继位。

10

虞舜 姚姓，一作妫姓，号有虞氏，名重华。尧去世后，虞舜继位，他处死治水不力的鲧，并选拔鲧之子禹治水。

11

禹 姒姓，名文命，夏后氏部落领袖。因治水有功，禹被舜选为继承人。舜死后，他成为部落联盟首领。

大禹治水

夏商西周的更替

夏商西周人物关系

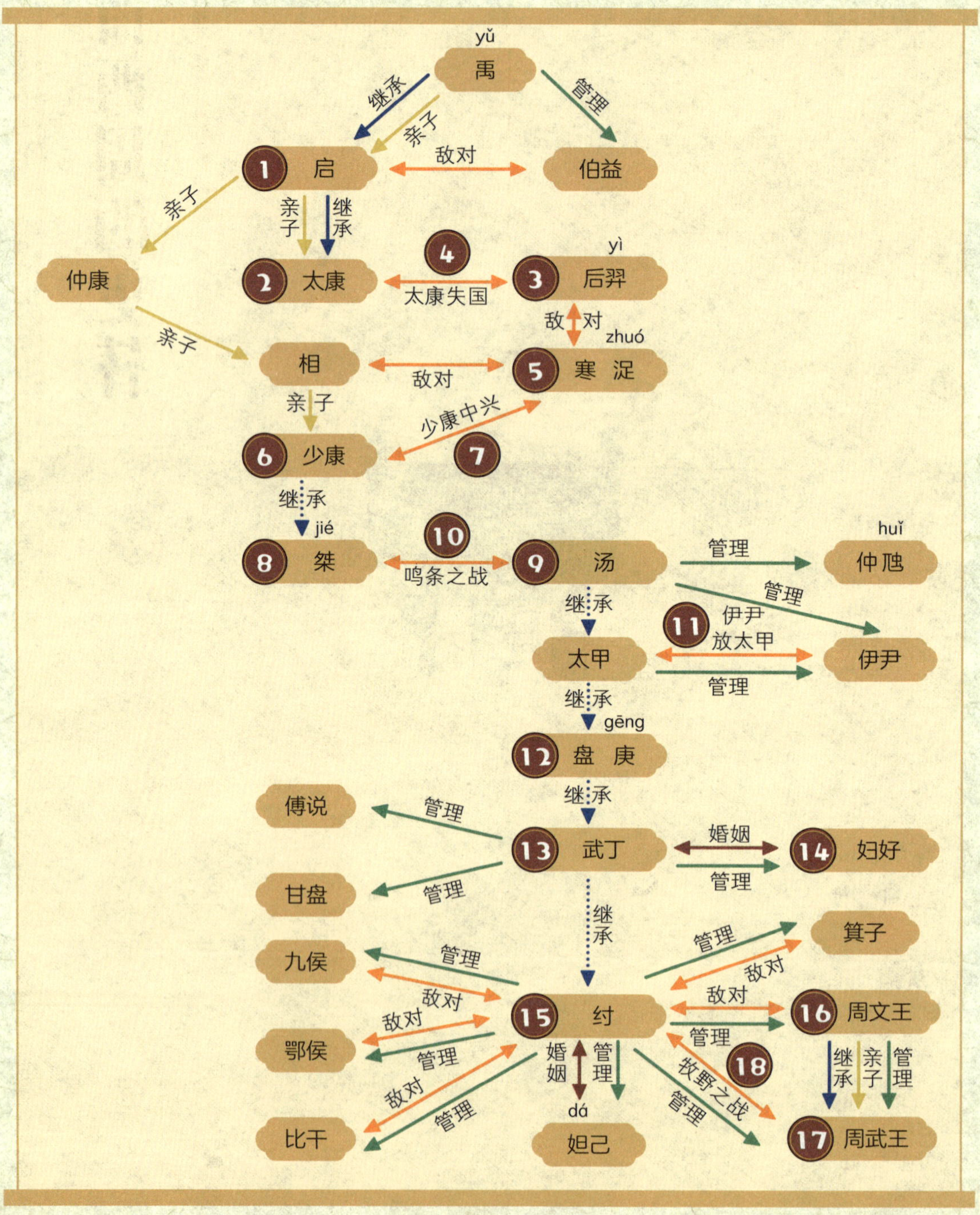
yǔ
禹
继承
亲子
管理
1 启
敌对
伯益
亲子
亲子
继承
仲康
4
yì
2 太康
太康失国
3 后羿
敌对
zhuó
亲子
相
敌对
5 寒浞
亲子
少康中兴
6 少康
7
继承
jié
10
huǐ
8 桀
鸣条之战
9 汤
管理
仲虺
管理
继承
11 伊尹放太甲
太甲
伊尹
管理
继承
gēng
12 盘庚
继承
傅说
管理
13 武丁
婚姻
14 妇好
管理
甘盘
管理
继承
箕子
管理
九侯
管理
敌对
敌对
敌对
16 周文王
敌对
15 纣
鄂侯
管理
管理
婚姻
管理
18
继承
亲子
管理
敌对
牧野之战
管理
dá
管理
比干
妲己
17 周武王

（接上页）

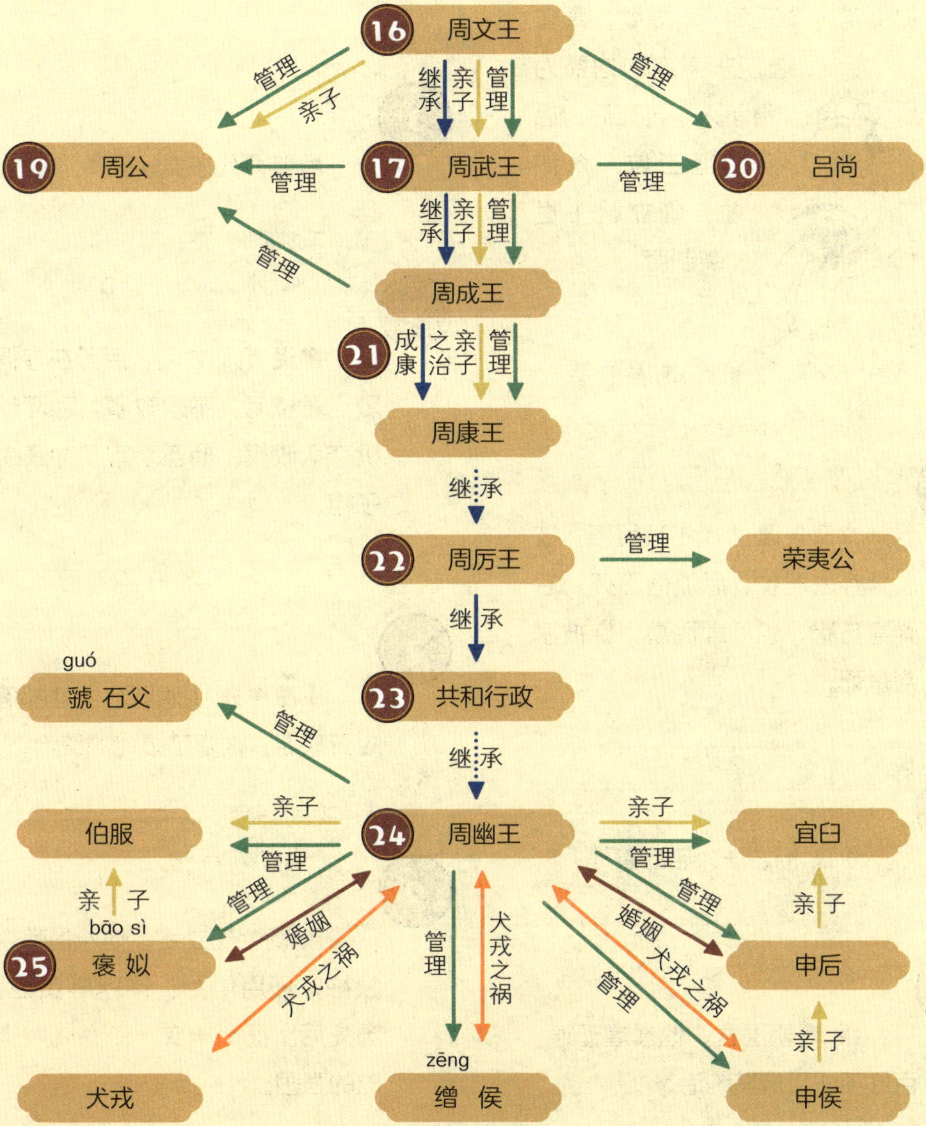
16 周文王
继承
亲子
管理
管理
亲子
管理
19 周公
管理
17 周武王
管理
20 吕尚
继承
亲子
管理
管理
周成王
21 成康之治
亲子
管理
周康王
继承
22 周厉王
管理
荣夷公
继承
guó
虢石父
管理
23 共和行政
继承
亲子
管理
伯服
24 周幽王
亲子
管理
宜臼
管理
亲子
bāo sì
25 褒姒
婚姻
犬戎之祸
管理
犬戎之祸
管理
婚姻
犬戎之祸
管理
申后
亲子
犬戎
zēng
缯侯
申侯

西周 · 晋侯鸟尊

1

启 夏朝国君、禹之子。约公元前2070年，禹建立了中国历史上第一个王朝——夏朝。禹曾选定东夷族的伯益为继承人。禹死后，启自继王位，杀伯益，确立君主世袭制度。

启的像

2

太康 启之子，继承了启的王位。

3

后羿 夏代东夷族首领，善射。

4

太康失国 太康不理民事，被后羿夺去君位，后流落而死。后羿喜狩猎，也不理民事，旋被家众杀死。

5

寒浞 后羿之臣。后羿在夺得夏代君位后，不理政事，寒浞趁机夺取政权。他还杀害了仲康之子相。

6

少康 相之子、启的曾孙。

7

少康中兴 少康联合同姓部落攻灭寒浞，恢复了夏代的统治。

8

桀 夏朝国君。他暴虐无道，百姓不断反抗其统治。

9

汤 商朝建立者。他原是商族领袖，任用伊尹、仲虺等贤臣。汤先后出征十一次，使商成为当时的强国。

10

鸣条之战 约公元前1600年，汤败桀于鸣条（在今山西省运城市东北），夏朝灭亡，商朝成立。

11

伊尹放太甲 伊尹是商初大臣，助汤灭夏。汤去世后，他先后辅佐卜丙、仲壬、太甲、沃丁。太甲不理国政，被伊尹放逐。三年后，太甲悔过，伊尹接他回朝，恢复了他的君位。

12

盘庚 商朝国君、汤的第九世孙。当时，商王朝内乱频繁，政治腐败，国势衰落。盘庚继位后，为摆脱困境，避免水灾，在约公元前1300年将国都从奄（今山东省曲阜市）迁至殷（今河南省安阳市西北小屯村），使商复兴。

13

武丁 商朝国君、盘庚弟小乙之子。他即位后重用傅说、甘盘为大臣，商朝大治。

14

妇好 武丁诸妃嫔之一。她曾率师征伐羌、夷、土方等族。1976年，妇好墓在殷墟出土。

商·妇好墓出土的玉鸟

15

纣 商朝末代国君。在位期间，他宠信妲己，杀九侯、鄂侯、比干，囚周文王、箕子。纣王好酒淫乐，暴敛酷刑，导致统治日渐失控。

16

周文王 商末周族领袖，纣王时为西伯。他曾被纣王囚禁。统治期间，周文王解决虞、芮两国争端，使两国归附。他不断开疆拓土，晚年时为周取得了“三分天下有其二”的局面。

周文王像

鼎

17

周武王 西周王朝的建立者、文王之子。

周武王像

18

牧野之战 前1046年，周武王继承文王遗志，联合庸、蜀、羌等族攻商。在牧野（今河南省淇县西南），联军大胜，灭商。不久，周武王建立西周王朝，都镐京（今陕西省西安市西南）。

牧野之战

19

周公 周武王的弟弟、西周初重要政治家。因他的采邑在周（今陕西省岐山县北），故称“周公”。他曾辅佐武王灭商。武王死后，成王年幼，周公摄政。后来，他东征平叛，周王朝得以巩固。

周公像

20

吕尚 西周开国大臣，曾辅佐武王灭商。

21

成康之治 西周初年，周公建立周王朝的典章制度，并主张“明德慎罚”，成王、康王相继推行这种政策，造就了当时繁荣昌盛的局面。后世史家称之为“成康之治”。

22

周厉王 西周国王。他任用荣夷公执政，垄断山泽物产，并命令卫巫监视“国人”，杀死议论他的人，引起反抗。前841年，“国人”发难，他逃奔彘（今山西省霍州市），十四年后死于该地。

23

共和行政 周厉王被逐后，共国国君和受诸侯拥戴，代行王政。十四年后周宣王即位，他回归共国。

24

周幽王 西周国王。他任用虢石父，为政严酷，朝政腐败。周幽王宠爱褒姒，立褒姒之子伯服为太子，废申后和太子宜臼。公元前 771 年，申后之父申侯联合缯侯、犬戎等伐周，杀周幽王，西周灭亡。

25

褒姒 周幽王的宠妃。相传，幽王曾为褒姒烽火戏诸侯，引起诸侯不满。

烽火戏诸侯

春秋战国时期

春秋战国人物关系

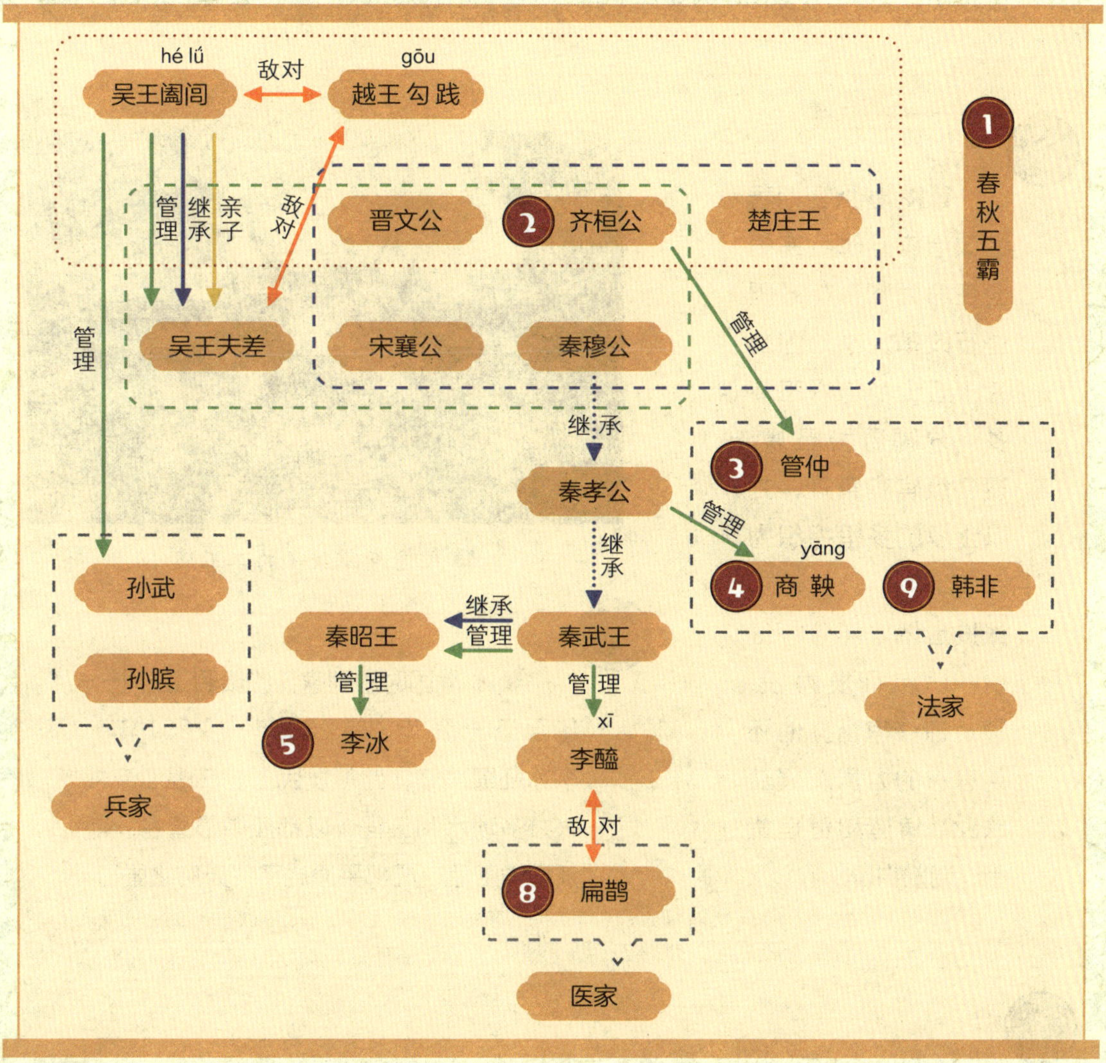

1

春秋五霸 公元前 770 年，周平王东迁洛邑（今河南省洛阳市），春秋时代开始。当时，各大诸侯国竞相称霸，实际上取代了周天子的地位。春秋时先后称霸的五个诸侯即“春秋五霸”，一般指齐桓公、晋文公、楚庄王、吴王阖闾、越王勾践。另一说指齐桓公、宋襄公、晋文公、秦穆公、楚庄王。第三种说法是齐桓公、宋襄公、晋文公、秦穆公、吴王夫差。

2

齐桓公 春秋时齐国国君。继位后，他任用管仲进行改革，使齐国的国力日益强大。齐桓公多次大会诸侯，成为“春秋五霸”之首。

3

管仲 春秋初期著名政治家。他被齐桓公任命为卿，在齐国进行改革。他分国都为十五士乡与六工商乡，分鄙野为五属，设各级官吏管理，并以士乡的乡里组织为军事编制。管仲还主张按土地好坏分等征税，适当征发力役，禁止掠夺家畜。他还用官府的力量发展盐铁业，铸造和管理货币，调剂物价。

纪念李冰父子的二王庙

5

李冰 战国时水利家。约秦昭王五十一年至五十六年（前 256 年—前 251 年），李冰任蜀郡守。他征发民工，在岷江流域兴办多项水利工程，以都江堰最著名。都江堰竣工后，成都平原成了“天府之国”。

4

商鞅 战国时政治家。秦孝公六年（前 356 年），秦孝公任用商鞅实行变法：重农抑商，奖励耕织与垦荒，生产粟帛多者可免徭役；废除贵族世袭特权，制定按军功大小授予爵位的制度；采用李悝的《法经》作为法律，推行连坐法。十二年（前 350 年），秦国迁都咸阳（今陕西省咸阳市东北），商鞅进一步变法：合并乡邑为三十一县；废除井田制，准许土地买卖；创立按丁男征赋的办法，规定一户有两丁男者必须分居，否则加倍征赋；颁布法定的度量衡器，统一度量衡制。商鞅先后两次变法，奠定了秦国富强的基础。

6

老子 春秋时思想家、道家创始人。他做过周朝管理藏书的史官，孔子曾向他问礼。后来，老子退隐，著《老子》。《老子》中用“道”来说明宇宙万物的演变，提出“道生一,一生二,二生三,三生万物”和“天下万物生于有，有生于无”的观点。在政治上,《老子》主张“无为而治”，以“小国寡民”的原始状态为理想社会。老子学说对中国哲学的发展有很大影响，后世很多学者从不同的角度吸取他的思想。

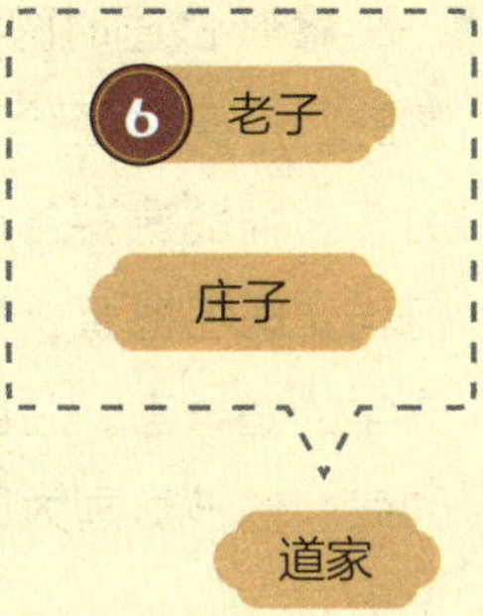

老子像

孔子像

7

孔子 春秋末期思想家、政治家、教育家、儒家的创始者。他出身下层贵族，做过小吏，后来创办私学，并从事政治活动。他曾周游宋、卫、曹、郑、楚等国，前后达十三年。晚年，孔子致力教育，整理《诗》《书》等古代文献，并把鲁国史官所记《春秋》加以删修，成为中国第一部编年体的历史著作。孔子的学说以“仁”为核心，认为“仁”即“爱人”。在教育思想方面，他主张“有教无类”，因材施教。《论语》一书，记有孔子的言行以及孔子与门人的问答，是研究孔子学说的主要资料。

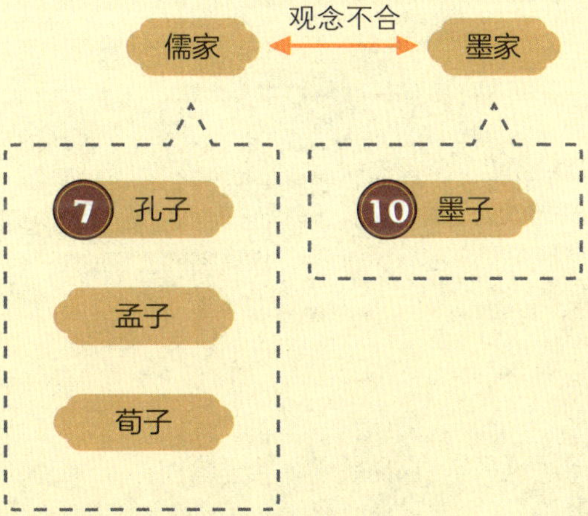

8

扁鹊 战国时医学家。他有丰富的医疗实践经验，反对用巫术治病。扁鹊遍游各地行医，擅长各科，医名甚著，被后人推崇为脉学的倡导者。后因诊治秦武王的病，他被秦国太医令李醯妒忌杀害。

9

韩非 战国末思想家、法家主要代表人物。他吸收道、儒、墨各家的思想，继承发展前期法家思想，集法家学说的大成。韩非提出以“法”为中心的“法、术、势”三者合一的君主统治术，强调加强中央集权，对后世影响很大。

10

墨子 春秋战国之际思想家、政治家、墨家的创始人。他曾学儒术，因不满其烦琐的“礼”，另立新说，聚徒讲学，成为儒家的主要反对派。墨子主张“兼爱”“非攻”，反对掠夺战争。

秦的统一和速亡

秦朝人物关系

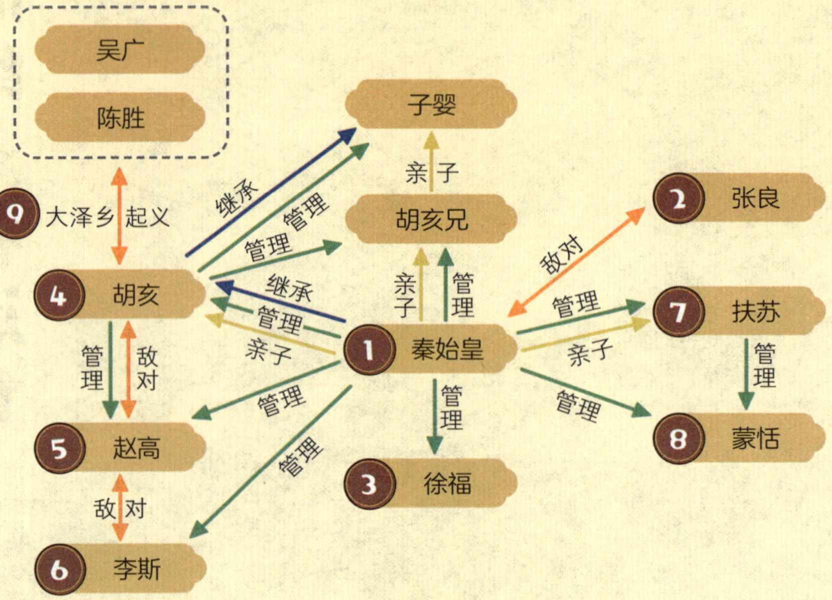

1

秦始皇 即“嬴政”。他建立了中国历史上第一个中央集权的封建国家，并推行了一系列有助于巩固统一和发展经济、文化的措施：分全国为三十六郡，郡下设县；确定皇帝为最高统治者称号，国家一切重大事务由皇帝决定，中央和地方的重要官吏直接由皇帝任免；统一法律、度量衡、货币和文字；拆毁战国时各国边邻地区的城防工事，修建驰道、直道，在今云南、贵州地区通五尺道；开凿灵渠；派兵北击匈奴，筑长城，南定百越。但是，秦始皇实行专制主义，刑法严苛，租役繁重，民众痛苦不堪，他死后旋即爆发大规模的农民起义。

2

张良 西汉初大臣。他的祖父、父亲相继为韩国五世相。秦灭韩后，他图谋复国，结交刺客，在博浪沙（今河南省原阳县东南）狙击秦始皇，未中。

3

徐福 亦作“徐市”，秦方士。秦始皇二十八年（前219年），他上书说海上有蓬莱、方丈、瀛洲三神山，请得童男童女数千，乘楼船入海，最终一去不返。

5

赵高 秦大臣，亲近胡亥。始皇死后，他与李斯篡改遗诏，立胡亥为二世皇帝。赵高任郎中令，居中用事，指鹿为马，控制朝政。后来，他害死李斯，杀二世，立胡亥兄子子婴为秦王。不久，赵高被子婴杀死。

4

胡亥 秦朝第二代皇帝、秦始皇少子。始皇死后，胡亥受到李斯、赵高的拥立，称“二世皇帝”。统治期间，他重用赵高，诛戮大臣宗室，赋税徭役较始皇时更为繁重。

7

扶苏 秦始皇长子。始皇欲镇压儒生，他因前往谏止而触怒始皇，被派赴上郡（今陕西省榆林市东南）监蒙恬军。始皇临终前，以遗诏召他至咸阳（今陕西省咸阳市东北）会丧并嗣位。赵高、李斯篡改遗诏，赐其死。

6

李斯 秦大臣。秦统一后，任丞相，反对分封制，主张焚《诗》《书》，禁私学，以加强专制主义中央集权的统治。

8

蒙恬 秦名将。秦统一后，他率兵三十万北击匈奴，收河南地（今内蒙古自治区河套一带），并筑长城。蒙恬驻军上郡数年，匈奴不敢犯。始皇死后，李斯与赵高合谋，篡改遗诏，赐蒙恬死，他被迫自杀。

9

大泽乡起义 秦末陈胜、吴广领导的农民起义。秦二世元年（前209年）秋，秦朝政府征发闾左贫民屯戍渔阳（今北京市密云区西南），有戍卒九百人行至蕲县大泽乡（今属安徽省宿州市），为大雨所阻，不能如期到达。依秦法，过期斩首，屯长陈胜、吴广于是组织戍卒，杀死押解的将尉，举行起义。大泽乡起义揭开了秦末农民战争的序幕。

楚汉争霸

楚汉人物关系

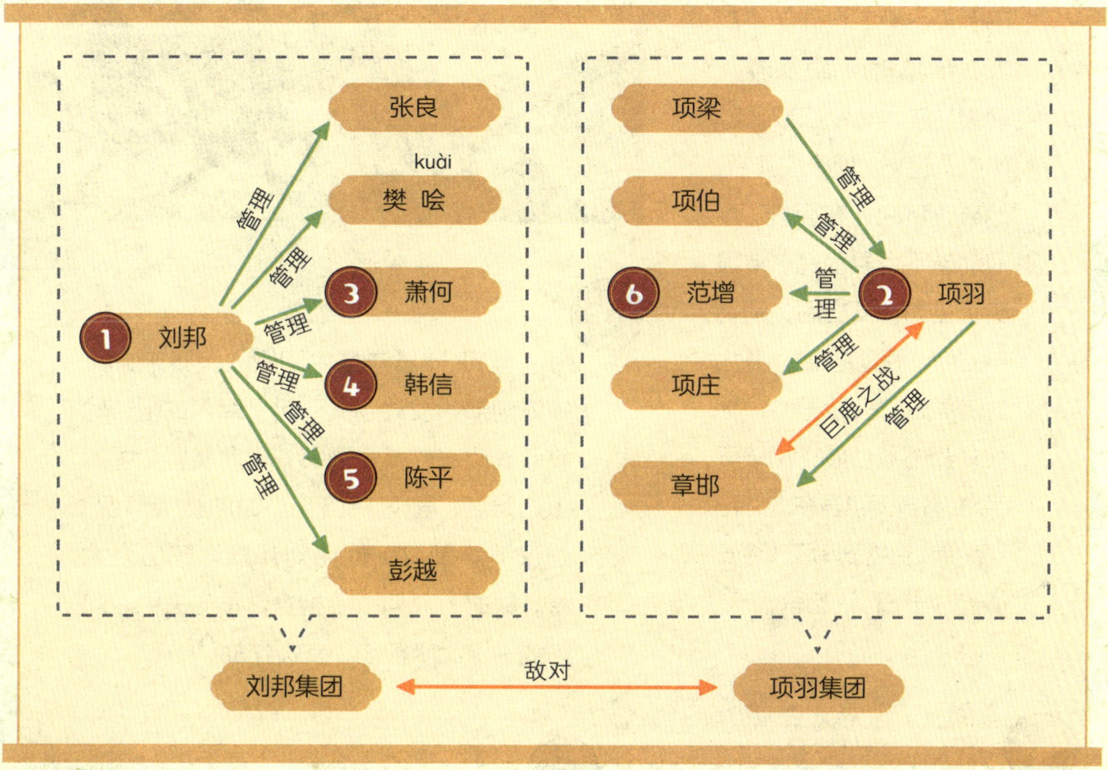

1

刘邦 字季，沛县丰邑中阳里（今属江苏省丰县）人。秦二世元年（前 209 年）陈胜起义，他起兵响应，称“沛公”。两年后，刘邦率兵攻占咸阳（在今陕西省咸阳市东北），推翻秦朝统治，约法三章。同年，项羽入关，大封诸侯王，刘邦被封为汉王。不久，他就与项羽展开长达五年的“楚汉战争”。前 202 年，刘邦战胜项羽，即皇帝位，建立汉朝，定都长安（今陕西省西安市西北）。史称刘邦为“汉高祖”。

刘邦像

2

项羽 名籍，字羽，下相（今江苏省宿迁市西南）人。秦二世元年（前209年），项羽跟从叔父项梁，在吴（今江苏省苏州市）起义。项梁战死后，他破釜沉舟，在巨鹿（今河北省平乡县西南）摧毁秦军主力。秦亡后，项羽自立为“西楚霸王”，并大封诸侯王。楚汉战争中，他被刘邦击败，最终从垓下（今安徽省固镇县东北、沱河南岸）突围到乌江（今安徽省和县东北），自杀。

破釜沉舟

3

萧何 沛县丰邑中阳里人。秦末，他辅佐刘邦，发动起义。起义军入咸阳，他收取秦政府的律令图书，以此掌握全国的山川险要、郡县户口和当时的社会情况。楚汉战争前夕，他向刘邦推荐韩信为大将。战时，萧何以丞相身份留守关中，向前线输送士卒粮饷，支援作战。

4

韩信 淮阴（今江苏省淮安市淮阴区西南）人。秦末，他参加起义，在项羽麾下，不得重用，继归刘邦，出任大将。楚汉战争时，韩信助刘邦攻占关中。刘邦在荥阳（今河南省郑州市西北）、成皋（今河南省荥阳市西北）间与项羽相持时，他率军袭击项羽后路，破赵，取燕、齐。不久，韩信率军与刘邦会合，在垓下打败项羽。

5

陈平 阳武（今河南省原阳县东南）人。秦末，他随项羽入关，不久投奔刘邦。刘邦被困荥阳，他建议用反间计使项羽排斥谋士范增，被刘邦采纳。

6

范增 居鄛（今安徽省桐城市南）人、项羽的主要谋士，被项羽尊为“亚父”。他屡劝项羽杀刘邦，均不被采纳。后来，项羽中刘邦反间计，削夺范增的权力。范增愤而离去，途中病死。

7

鸿门宴 公元前 207 年，刘邦攻占秦都咸阳后，派兵把守函谷关。不久，项羽率四十万大军破关而入，进驻鸿门（今陕西省西安市临潼区东北），准备消灭刘邦。项羽叔父项伯同张良交好，经其调解，刘邦亲至鸿门会见项羽。项羽设宴招待刘邦一行。席间，范增命项庄舞剑，欲乘机刺杀刘邦，项伯也拔剑起舞，常以身掩护刘邦。后樊哙带剑执盾闯入，刘邦始得乘隙脱险。

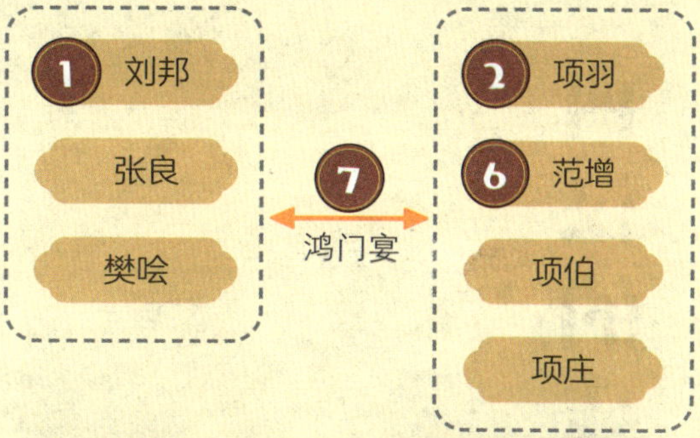

鸿门宴

8

暗度陈仓 刘邦被项羽封为汉王，前去南郑（今陕西省汉中市南），途中烧毁栈道，表示无意东扩。然而，不久后，他在韩信的建议下，绕道北上，在陈仓（今陕西省宝鸡市东）打败被项羽封为雍王的秦降将章邯，回到咸阳。

9

垓下之围 公元前 202 年，刘邦与韩信、彭越等合兵，将项羽围困在垓下。项羽粮尽援绝，又听到四面皆楚歌，以为汉军已得楚地，故突围南走，后自刎而死。

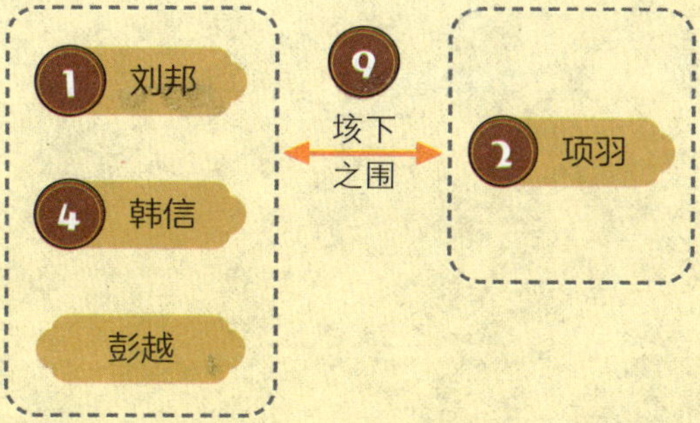

西汉的建立和文景之治

西汉前期人物关系

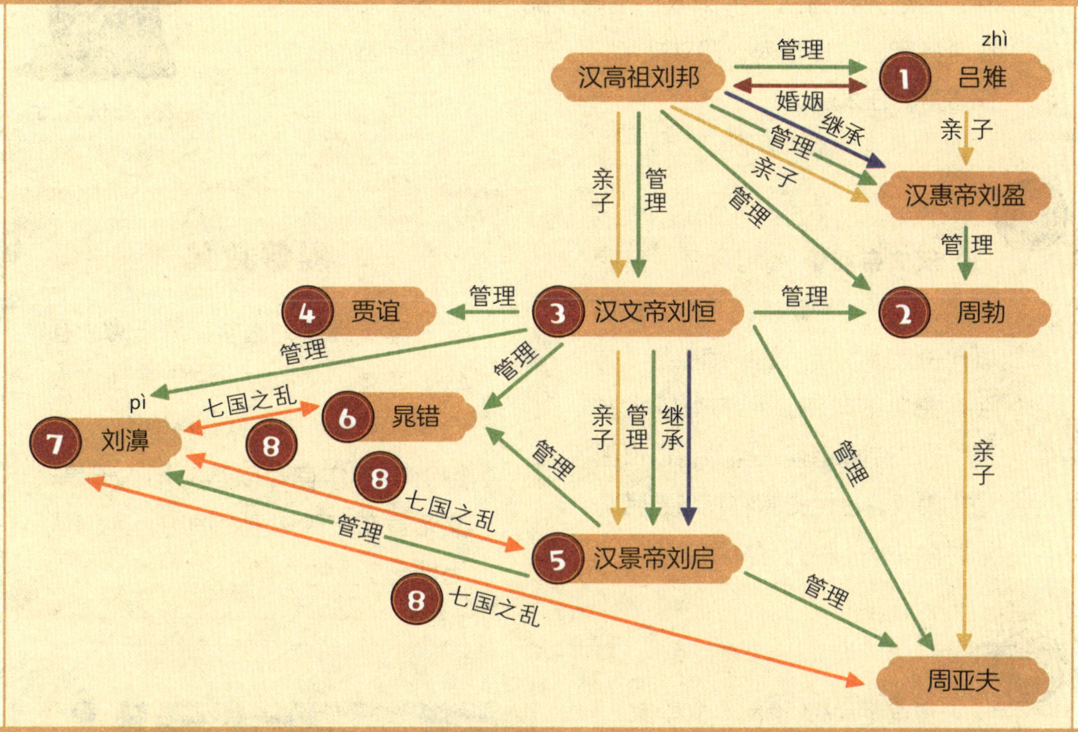

与民休息

汉高祖刘邦在位期间，总结秦朝因暴政而亡的教训，政治上尊奉黄老无为思想，采取“与民休息”的政策，减轻赋税、徭役和刑法，提倡节俭，减少财政支出。刘邦死后，其继任者继续实行“与民休息”的政策，在一定程度上恢复了社会经济。

1

吕雉 汉高祖皇后。汉朝建立后，她协助高祖诛除韩信等异姓诸侯王。其子惠帝即位后，吕雉掌握实权。惠帝死后，她临朝称制，分封诸吕为王侯，共掌握政权十六年。

吕雉像

2

周勃 西汉初大臣。秦末，他随刘邦起义，以军功封“绛侯”。吕后时，周勃任太尉，但军权为吕后亲属所控制。吕后死，诸吕专兵秉政，阴谋作乱。他与陈平定计，诛杀吕产、吕禄等人，迎立文帝，任右丞相。其子周亚夫在景帝时任太尉。

长信宫灯

3

汉文帝刘恒 高祖之子。吕后死后，周勃等平定诸吕之乱，刘恒以代王入继皇帝。他继续执行“与民休息”的政策，经济有较大发展。他还削弱诸侯王势力，以巩固中央集权。后世史家将其与景帝统治时期并举，称为“文景之治”。

缇萦救父

淳于缇萦为医学家淳于意（仓公）之女。文帝时，淳于意任齐太仓令，为人所告下狱，将惨遭肉刑。她上书请作官婢以赎父刑。于是，文帝宣布废除肉刑。旧时，人们认为她是孝女的榜样。

4

贾谊 西汉政论家、文学家，时称贾生。他曾多次上疏，批评时政。他的观点包括：一、用“众建诸侯而少其力”的办法，削弱诸侯王势力，巩固中央集权；二、重农抑商；三、抗击匈奴的攻掠。

贾谊故居

5

汉景帝刘启 文帝之子。在位期间，他继续实行“与民休息”的政策，改田赋十五税一为三十税一，社会经济得到进一步发展。刘启实行“削藩”，平定吴楚等诸侯国发动的七国之乱，遂将诸侯王任免官吏的权力收归中央，王国行政由中央所任官吏处理。

汉景帝像

6

晁错 西汉政论家。文帝时，晁错任太常掌故，后为太子家令，得太子（即景帝）信任，号“智囊”。景帝即位，他出任御史大夫。晁错坚持逐步削夺诸侯王国的封地等策，得到景帝的采纳。不久，吴、楚等七国以诛晁错为名，举兵叛乱。景帝听信谗言，杀了晁错。

晁错像

7

刘濞 汉高祖之侄，封“吴王”。他在封国内大量铸钱、煮盐，国力富足，阴谋叛乱。后景帝采御史大夫晁错建议，削夺王国封地，他以诛晁错为名，联合楚、赵等国叛乱，被周亚夫率军平定。

8

七国之乱 汉景帝时吴、楚等七国的叛乱。汉初，皇帝的亲属被分封到各地为诸侯王，封地大的王国“跨州兼郡，连城数十”，其中吴、楚、齐三国的封地最大。文帝、景帝两代采用贾谊、晁错的建议，逐步削减王国封地。景帝三年（前 154 年），吴王刘濞与楚、赵、胶东、胶西、济南、菑川等七国以诛晁错为名，发动叛乱。太尉周亚夫在三个月内即击平吴、楚，其他五国也先后平定，诸王或自杀或被杀。从此，诸侯王国的军政大权收归中央。

汉武帝时期

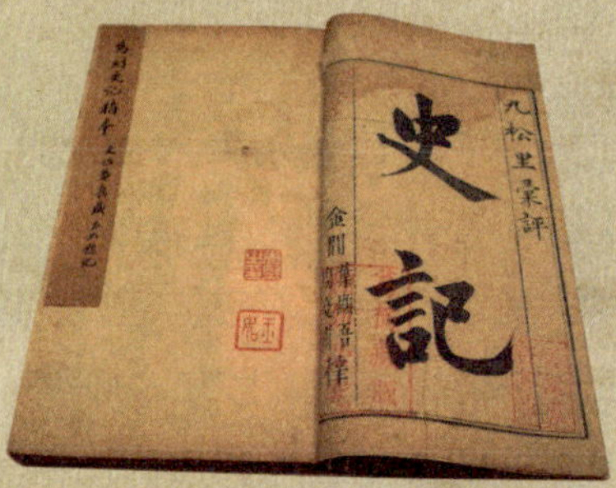

汉武帝时期人物关系

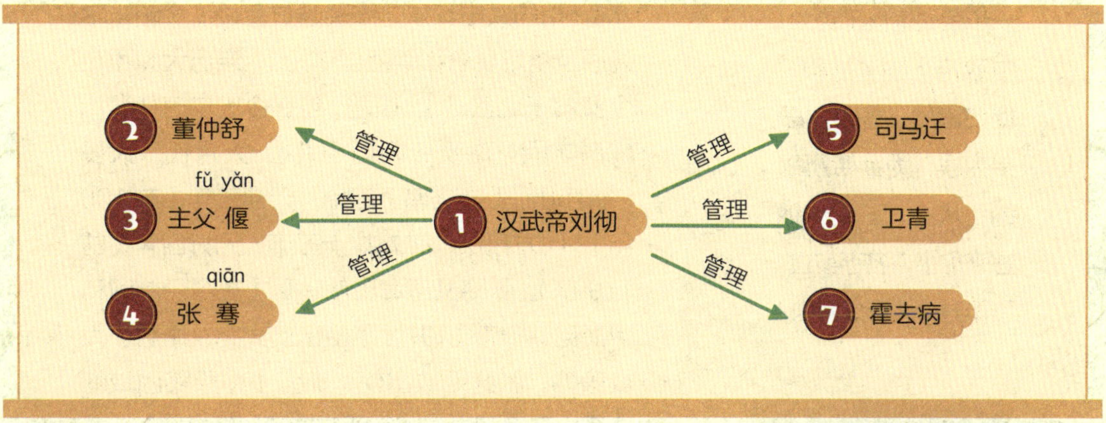

1

汉武帝刘彻 景帝之子。在位期间，他的功绩主要体现在以下几方面：接受董仲舒的建议，“独尊儒术”，以儒术为其统治思想；颁行“推恩令”，使诸侯王多分封子弟为侯，以削弱割据势力；设置十三部刺史，加强对地方的控制；征收商人资产税，打击富商大贾；将冶铁、煮盐、铸钱收归官营；设置平准官、均输官，由官府经营运输和贸易；在西南先后建立七郡；派张骞两次出使西域，加强对西域的统治，发展经济文化交流；任用卫青、霍去病等为将，进击匈奴贵族，解除匈奴威胁，保障北方经济文化的发展。汉武帝巩固了大一统的局面，使西汉王朝进入鼎盛时期。

汉武帝像

2

董仲舒 西汉儒家今文经学大师。董仲舒专门研究《春秋公羊传》，曾任博士、江都相和胶西王相。汉武帝举贤良文学之士，他对策建议：“诸不在六艺之科、孔子之术者，皆绝其道，勿使并进。”武帝采纳了他的建议。此后两千余年，中国社会皆以儒学为正统。

董仲舒像

3

主父偃 西汉政治家。他建议武帝进一步削弱诸侯王势力，由政府下令“推恩”，促使诸侯王多分封子弟为侯，为武帝所采纳。从此，王国封地愈来愈小，名存实亡，不再对中央形成威胁。

4

张骞 西汉外交家。汉武帝建元二年（前139年），他应募出使大月氏（在今阿姆河北），相约共击匈奴。张骞越过葱岭（今帕米尔高原及喀喇昆仑山等西部诸山），亲历大宛（在今费尔干纳盆地）、康居（约在今巴尔喀什湖和咸海之间，南及今阿姆河北）、大月氏、大夏（今阿姆河上游之南）等地。元朔三年（前126年），他方归汉，在外共十三年。元狩四年（前119年），张骞又奉命出使乌孙（在今伊犁河和伊塞克湖一带），并派副使出使大宛、康居、大夏等地。张骞两次出使，加强了中原和西域的联系，开辟了中国通往西方的“丝绸之路”。

壁画《张骞通西域》（摹本）

5

司马迁 西汉史学家、文学家、思想家。因对李陵降匈奴事有所辩解，他被下狱，受腐刑。出狱后，司马迁任中书令，完成《太史公书》（后称《史记》）。《史记》是中国最早的通史，此书开创了纪传体史书的形式，对后世的史学与文学都有深远影响。

《史记》书影

6

卫青 西汉名将。西汉初年起，匈奴不断攻扰北方诸郡。元朔二年（前127年），他率军大败匈奴，控制河套地区。元狩四年（前119年），卫青又与霍去病分兵打败匈奴主力。他前后七次出击，解除了匈奴对汉王朝的威胁。

卫青像

7

霍去病 西汉名将。元狩二年（前121年），他两次大败匈奴，控制河西地区，打开通往西域的道路。四年，他又和卫青分兵击败匈奴主力。霍去病前后六次出击匈奴，解除了匈奴对汉王朝的威胁。

新莽末年农民起义

新莽末年人物关系

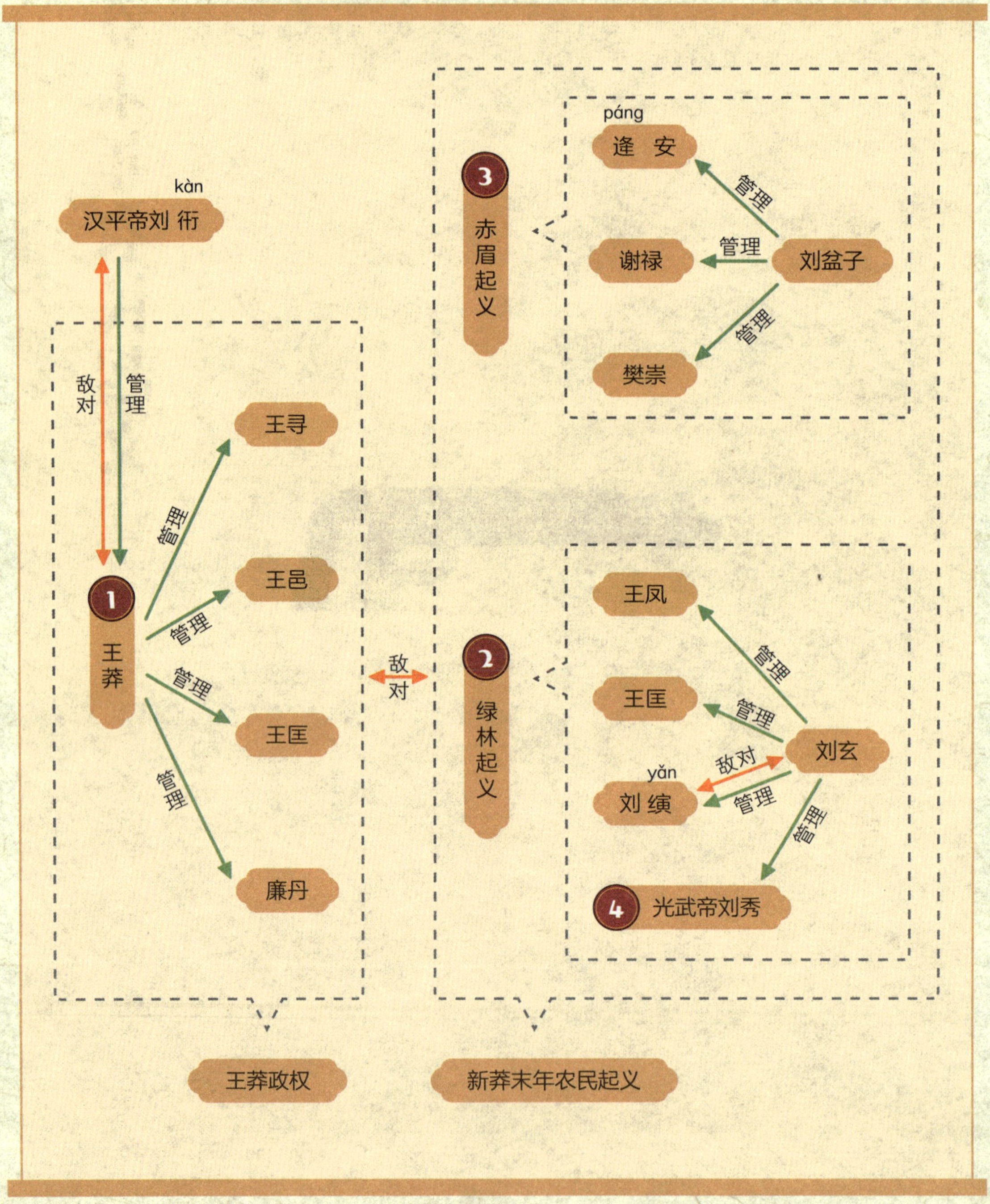
kàn
汉平帝刘衎
敌对
管理
1 王莽
管理
王寻
管理
王邑
管理
王匡
管理
廉丹
敌对
3 赤眉起义
páng
逄安
管理
谢禄
管理
刘盆子
管理
樊崇
2 绿林起义
王凤
管理
王匡
管理
刘玄
敌对
yǎn
刘縯
管理
管理
4 光武帝刘秀
王莽政权
新莽末年农民起义

1

王莽 字巨君，魏郡元城（今河北省大名县东）人。西汉末，他以外戚身份掌握政权。元始五年（5年），王莽毒死汉平帝，自称“假皇帝”。次年，他立年仅两岁的刘婴为太子，号“孺子”。初始元年（8年），王莽称帝，改国号为“新”，年号“始建国”。他命令全国民间的土地改称“王田”，奴婢改称“私属”，“王田”“私属”不得买卖。王莽多次改变币制，造成经济混乱。他还恢复五等爵，且经常改变官制。在王莽治下，法令苛细，赋役繁重。天凤四年（17年），爆发了全国性的农民大起义。地皇四年（23年），新王朝在赤眉、绿林等农民起义军的打击下崩溃，王莽在绿林军攻入长安（在今陕西省西安市西北）时被杀。

测长工具卡尺

2

绿林起义 天凤四年（17年），新市（今湖北省京山市东北）人王匡、王凤组织饥民，发动武装起义。起义军以绿林山（今京山市北大洪山）为根据地，因此被称为“绿林军”。地皇四年（23年），绿林军立西汉远支皇族刘玄为帝，建元“更始”。昆阳之战后，起义军乘胜攻占长安。后来，刘玄移都长安，并背叛起义军，杀害起义将领。更始三年（25年），赤眉军攻入长安，刘玄投降，更始政权结束。

3

赤眉起义 天凤五年（18年），青徐（今山东省东部和江苏省北部）一带发生大灾荒，琅邪（治今山东省诸城市）人樊崇在莒县（今山东省莒县）起义，逄安、谢禄等起兵响应，聚众数万人。起义军以赤色染眉，故称“赤眉军”。地皇三年（22年），王莽派更始将军廉丹、太师王匡率军镇压，在须昌（治今山东省东平县西北）败于赤眉军。更始政权建立后，樊崇等曾表示愿意归附，因未得适当安排，乃于更始二年（24年）分两路进攻更始政权。次年，赤眉军两路人马会师弘农（今河南省灵宝市北），立刘盆子为帝，建元“建世”。不久，赤眉军攻入长安，刘玄投降。建世二年（26年），赤眉军因饥荒退出长安。次年，在渑池（今河南省渑池县西）、宜阳（今河南省宜阳县西）一带遭到刘秀部的围击，樊崇等投降，起义失败。

4

光武帝刘秀 字文叔，南阳蔡阳（今湖北省枣阳市西南）人，汉高祖九世孙。新莽时，刘秀曾在太学读书，略通《尚书》大义。后来，农民大起义爆发，他与兄刘縯聚众起兵，加入绿林军。昆阳之战后，刘縯被刘玄杀害。刘秀隐忍不发，以恢复汉家制度为号召，取得部分官吏、豪强的支持，镇压和收编铜马等起义军，力量开始壮大，并逐渐脱离更始政权。建武元年（25 年），刘秀称帝，建立东汉。后来，他镇压赤眉军，削平各地割据势力，统一了全国。

5

昆阳之战 更始元年（23 年），绿林军攻克昆阳（今河南省叶县）等地。王莽派王寻、王邑率军四十二万包围昆阳，用楼车和地道攻城。王凤等率起义军八九千人坚守，刘秀等突围求援。各地起义军进援昆阳时，刘秀乘王莽军轻敌懈怠，率精兵三千突破敌军中坚，杀死王寻。各军奋勇作战，城内守军也乘胜出击，内外夹攻，歼灭王莽军主力。

东汉的兴衰

东汉人物关系

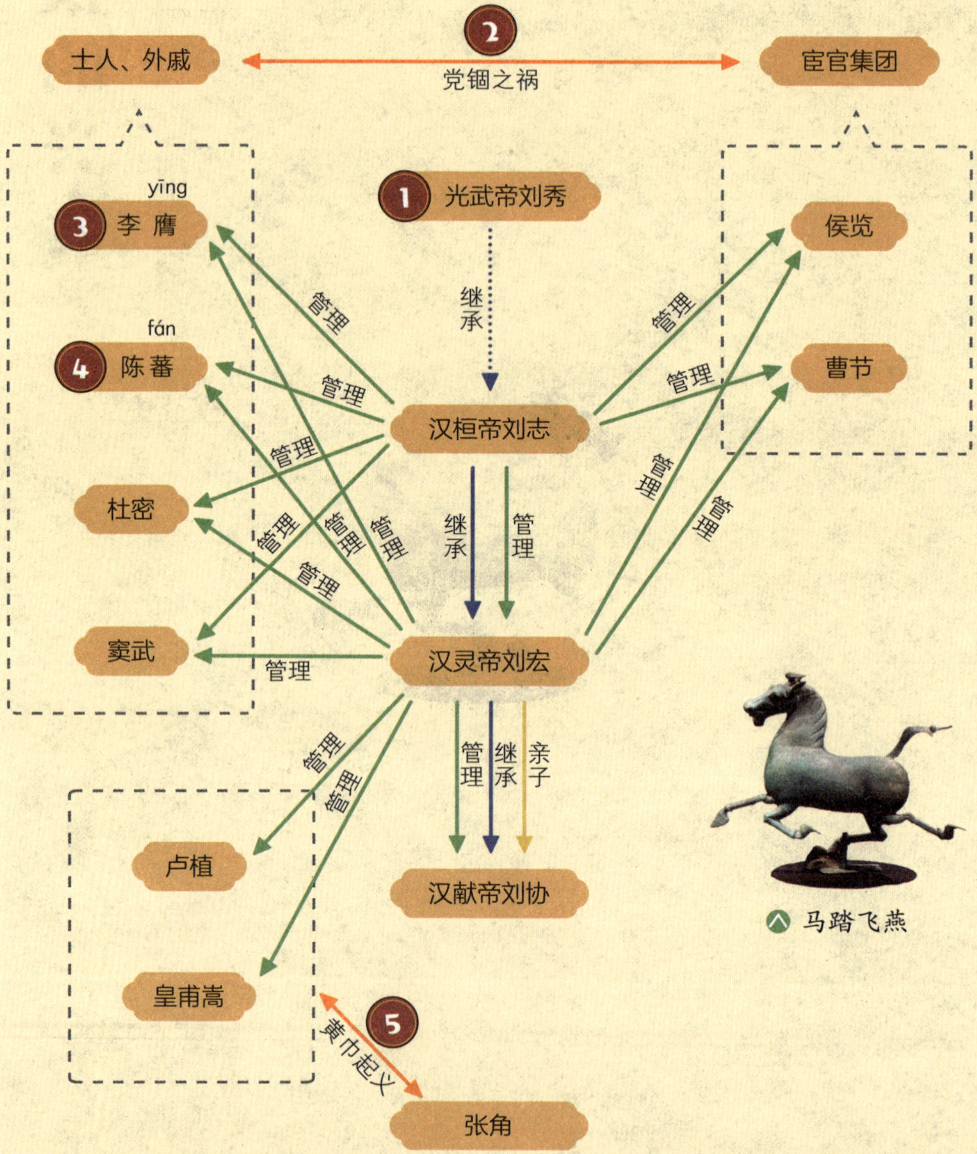
2
士人、外戚
党锢之祸
宦官集团
1 光武帝刘秀
继承
yīng
3 李膺
fán
4 陈蕃
杜密
窦武
汉桓帝刘志
侯览
曹节
管理
继承
管理
汉灵帝刘宏
管理
继承
亲子
汉献帝刘协
卢植
皇甫嵩
5
黄巾起义
张角

马踏飞燕

1

光武帝刘秀 在位期间，刘秀多次发布释放奴婢和禁止残害奴婢的命令，裁并四百多县，减轻赋税，兴修水利，精简官吏，并在中央加重尚书职权，在地方废除掌握军权的都尉，生产有所恢复和发展。在此基础上，他开创了“光武中兴”的局面。

2

党锢之祸 桓帝时，宦官专权，政治腐败，民变纷起，形成严重的社会危机。司隶校尉李膺等人和太学生郭泰、贾彪等联合，品核公卿，议论国政，一时成为风气，深为宦官所忌。延熹九年（166 年），河南尹李膺因检举不法，被宦官诬告。李膺等二百多名“党人”被捕，后虽获释，但终身不得做官。这是第一次“党锢之祸”。灵帝即位后，外戚窦武执政，起用“党人”，并与太傅陈蕃合谋诛灭宦官。不料，事机泄露，窦武、陈蕃丧命。建宁二年（169 年），灵帝在宦官侯览、曹节的挟持下，将李膺、杜密等百余人下狱处死，并陆续杀死、流徙、囚禁六七百人。熹平五年（176 年），灵帝在宦官的挟制下，又命令凡“党人”的门生故吏、父子兄弟，都免官禁锢，并连及五族。这是第二次“党锢之祸”。此后，东汉政局更加混乱。

3

李膺 字元礼，历任青州刺史，渔阳、蜀郡太守，度辽将军等。桓帝时，士人以与李膺结交为荣，称“登龙门”。他与杜密齐名，时称“李杜”。他还被列为“八俊”之一，有“天下模楷李元礼”之誉。

4

陈蕃 字仲举，历任乐安、豫章太守，尚书令，光禄勋等。桓帝时，陈蕃任太尉，与李膺等反对宦官专权，为太学生所敬重，被称为“不畏强御陈仲举”。

5

黄巾起义 东汉末年，宦官专政，政府横征暴敛，豪族大地主疯狂兼并土地，农民大量破产逃亡，成为流民。在这一背景下，太平道首领张角秘密进行组织活动，十余年间，徒众达数十万。他提出“苍天已死，黄天当立，岁在甲子，天下大吉”的口号。中平元年（184 年，甲子年），各地同时举行起义。起义军以黄巾裹头，因而被称为“黄巾军”。东汉政府派皇甫嵩、卢植等率军镇压，多次被黄巾军打败。后来，在东汉政府军和豪强地主武装的联合镇压下，起义转入低潮，张角也病死，黄巾军最终失败。黄巾军主力共经历九个月的斗争，动摇了东汉王朝的统治。

三国鼎立

三国人物关系

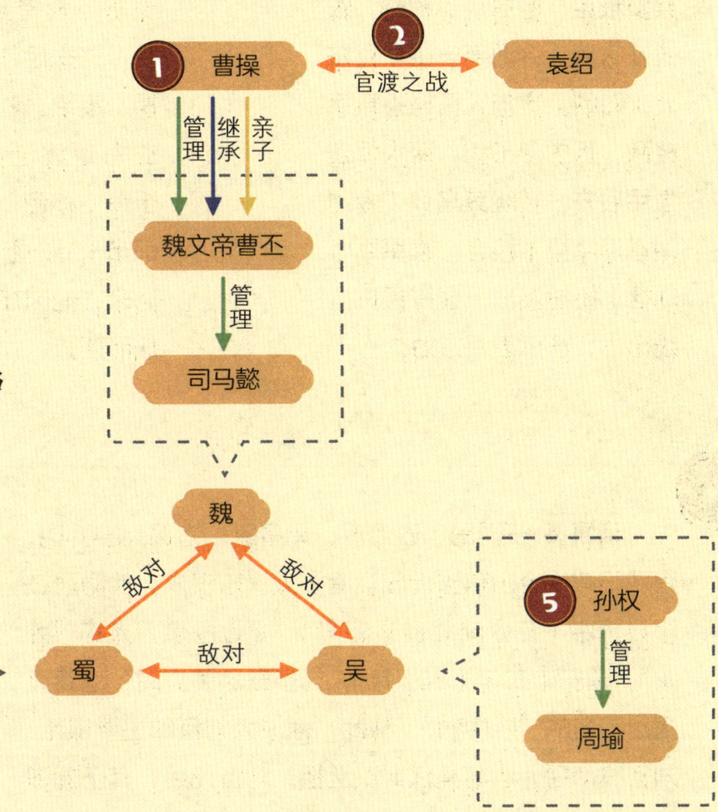

孙吴·莲花纹瓦当

1

曹操 三国时政治家、军事家。曹操字孟德，小名阿瞒，沛国谯县（今安徽省亳州市）人。他先是镇压黄巾起义，后又讨伐董卓，借机扩充军事力量。东汉建安元年（196 年），曹操迎献帝都许（今河南省许昌市东），从此用献帝的名义发号施令，并逐步统一北方。曹操死后，他的儿子曹丕于公元 220 年称帝，国号“魏”，都洛阳（今河南省洛阳市东），建元“黄初”。史称曹丕为“魏文帝”。

曹操像

2

官渡之战 建安四年（199年），袁绍率兵十余万南下，进攻曹操。当时，袁绍兵多粮足，曹操兵少粮缺。双方在官渡（今河南省中牟县东北）对峙。次年，曹操乘袁军轻敌，且内部不和，两次偷袭袁军后方，焚烧其乌巢（今河南省延津县）粮仓。袁军军心动摇，纷纷溃散。曹操乘机全线出击，歼灭袁军主力。

3

刘备 三国时蜀汉的建立者。刘备本是汉远支皇族，字玄德，涿郡涿县（今河北省涿州市）人。东汉末，刘备起兵，参与镇压黄巾军，并先后依附公孙瓒、陶谦、曹操、袁绍、刘表。赤壁之战后，他的力量逐渐壮大。221年，刘备于蜀中称帝，都成都（今四川省成都市），国号“汉”，史称“蜀汉”。后来，他因在夷陵之战中大败，忧病而死。

4

诸葛亮 三国蜀汉政治家、军事家。诸葛亮字孔明，琅邪阳都（今山东省沂南县南）人。东汉末，他隐居在邓县隆中（在今湖北省襄阳市），留心世事，人称“卧龙”。建安十二年（207年），刘备三顾茅庐时，诸葛亮提出著名的“隆中对”。从此，他成为刘备的主要谋士。刘备称帝后，诸葛亮任蜀汉丞相。刘备死后，其子刘禅继位，诸葛亮被封为武乡侯，领益州牧，蜀汉政事无论大小，都由他决定。他多次出兵争夺中原，但未有大的战果，后病死。

诸葛亮像

5

孙权 三国时吴国的建立者。孙权字仲谋，吴郡富春（今浙江省杭州市富阳区）人。东汉末，孙权继其兄孙策据有江东六郡。后来，他在夷陵之战中大败刘备。吴黄龙元年（229年），他称帝于武昌（今湖北省鄂州市），国号“吴”，不久迁都建业（今江苏省南京市）。

6

赤壁之战 东汉末年，曹操初步统一北方，建安十三年（208 年）他率兵二十余万南下。刘备派谋士诸葛亮游说孙权，促成孙刘联合，共同抗曹。曹军进到赤壁（今湖北省武汉市西南赤矶山），小战失利，退驻江北，与孙刘联军隔江对峙。孙刘联军利用曹军远来疲惫、疾疫流行、不习水战、后方不稳等弱点，放火延烧其水师，孙权大将周瑜与刘备又从陆路猛攻，水陆并进，曹军全线崩溃，退回北方。战后，曹、孙、刘三分天下的局面初步形成。

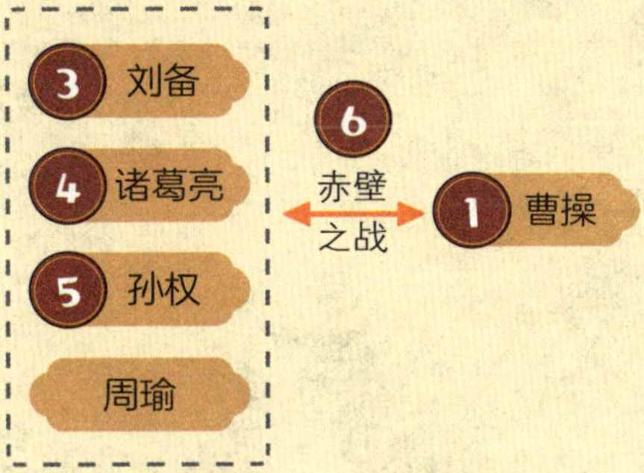

7

诸葛亮北伐 刘备死后，诸葛亮坚持联吴抗魏战略，苦心筹谋，以兴复汉室为念。自建兴六年（228 年）起，他多次率军北伐曹魏。魏重臣司马懿率军对抗诸葛亮，使后者屡遭挫败。

西晋的兴衰

西晋人物关系

青瓷卧狮烛台

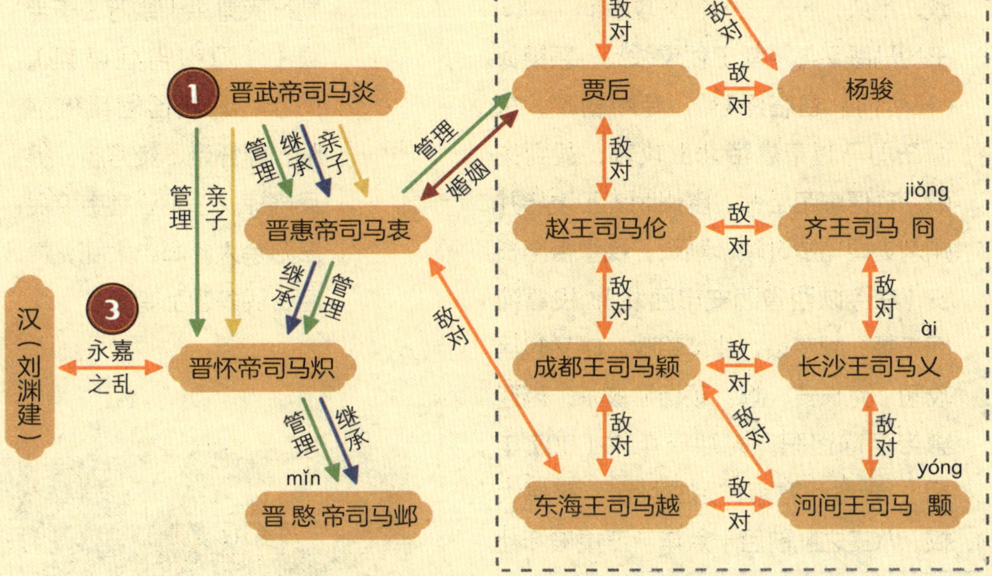

1

晋武帝司马炎 字安世，河内温县（今河南省温县西南）人，司马懿的孙子。266年初，他代魏称帝，国号“晋”，都洛阳（今河南省洛阳市东），史称“西晋”。咸宁六年（280年），司马炎灭吴，统一全国，改元太康。在位期间，他采取一系列经济措施发展生产，屡次责令郡县官劝课农桑，并严禁私募佃客。他还招募原吴、蜀地区的人民北来，充实北方，并废屯田制，使屯田民成为州郡编户。太康年间，国家一度出现繁荣景象。不过，司马炎大封宗室，这为八王之乱埋下了伏笔。

2

八王之乱 晋武帝死后，晋惠帝立。惠帝妻贾后与辅政外戚杨骏争权。永平元年（291 年），贾后使楚王司马玮杀骏，以汝南王司马亮辅政，又使玮杀亮，不久她又杀玮。永康元年（300 年），赵王司马伦起兵杀贾后，又废惠帝自立。齐王司马冏、成都王司马颖联兵讨伦，杀之，迎惠帝复位，冏专权辅政。不久，长沙王司马乂攻杀冏，河间王司马颙又与成都王颖攻杀乂，颖镇邺（在今河北省临漳县），专断朝政。东海王司马越奉惠帝北上攻颖，遭到失败。颖俘惠帝至邺。幽州刺史王浚与并州刺史司马腾讨颖，颖败，挟惠帝至长安（在今陕西省西安市西北），投靠河间王颙。颙废颖，独掌朝政。越又起兵攻颙，克长安，颙、颖相继被杀。越迎惠帝返回洛阳。光熙元年末（307 年初），越毒死惠帝，另立怀帝，掌握大权。八王之乱前后十六年，严重破坏社会经济，各少数民族首领起兵反晋，最终导致西晋王朝覆灭。

3

永嘉之乱 永兴元年（304 年），匈奴贵族刘渊起兵离石（今山西省吕梁市），国号“汉”。永嘉四年（310 年），晋主力避汉兵锋，东居项县（今河南省沈丘县），洛阳空虚。次年，刘渊子聪遣石勒歼灭晋军十余万人于苦县（今河南省鹿邑县）。同年，刘渊侄曜兵破洛阳，俘怀帝，焚宫庙，纵兵烧掠，杀王公官吏庶民三万余人。海内大乱，中原士民多避乱南渡。

画像砖

十六国与北朝

十六国与北朝人物关系

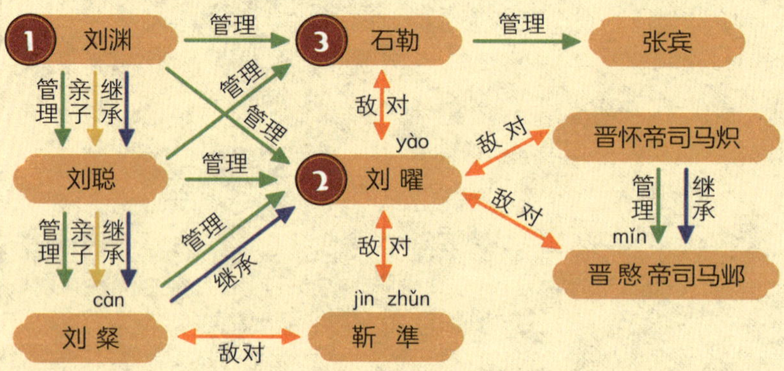

1

刘渊 字元海，匈奴族，新兴（今山西省忻州市）人。刘渊的先祖冒姓刘氏。刘渊的父亲死后，他继承父职，成为匈奴左部帅。西晋八王乱起，晋廷虚弱，他趁机于西晋建武元年（304 年），在离石（今山西省吕梁市）起兵反晋，称大单于，后改称汉王。永嘉二年（308 年），刘渊称汉帝，建都平阳（今山西省临汾市西南）。刘渊死后，其子刘聪杀兄自立。史学界一般以 304 年为十六国的开端。

2

刘曜 字永明，刘渊之侄。刘渊建汉国后，他历任要职。刘聪当政时，刘曜克洛阳（在今河南省洛阳市），破长安（在今陕西省西安市西北），俘西晋怀、愍二帝，灭西晋。刘聪子刘粲即位，刘曜任相国、都督中外诸军事。大臣靳準杀粲，夺帝位，刘曜率兵攻準，进军平阳，即帝位，尽灭靳氏，迁都长安，改汉为“赵”，史称“前赵”。后来，他与石勒交战，兵败被俘杀。

十六国·“富贵万岁”瓦当

3

石勒 字世龙，小字匐勒，羯族，上党武乡（今属山西省）人。幼年，石勒在洛阳当小贩，又被掠卖为耕奴，因此聚众起兵。后来，他投靠刘渊，任大将，重用汉族失意官僚张宾，发展势力。前赵光初二年（319 年），石勒自称赵王，建立政权，史称“后赵”。后赵太和元年底（329 年初），他消灭前赵，建都襄国（今河北省邢台市）。太和三年，石勒称帝。

4

苻坚 一名文玉，字永固，其祖父为氐族酋长苻洪，其伯父为前秦建立者苻健。起初，苻坚为前秦东海王，后发动政变，杀死国主苻生（苻健子），掌握了前秦最高统治权。他任用汉人王猛，打击不法贵族，兴修关中水利，劝课农桑，与民休息。在苻坚当政时，前秦先后攻灭前燕、前凉、代国，统一北方大部地区，并夺取东晋部分土地。此外，他还遣军远征西域。前秦建元十九年（383 年），苻坚率军，在淝水（在今安徽省）大败于东晋军，后来他为羌族首领姚苌所杀。

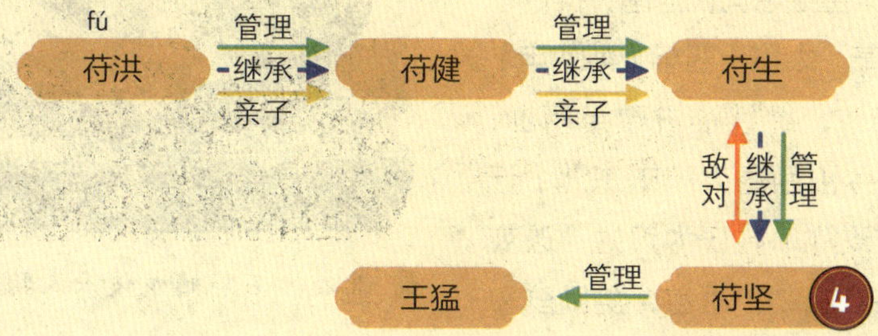

5

北朝 439 年，北魏统一北方，北朝开始。534 年，北魏分裂为东魏、西魏。后来，北齐代东魏，北周代西魏，北周又灭北齐。581 年，隋代北周，北朝结束。

北魏 · 司马金龙墓漆画屏风板

朝代		创建人	国都	起止年代	史称
5 北朝	北魏	拓跋珪	盛乐* 平城 洛阳	386—534	后魏 元魏 拓跋魏
	东魏	元善见	邺*	534—550	
	西魏	元宝炬	长安	535—557	
	北齐	高洋	邺	550—577	高齐
	北周	宇文觉	长安	557—581	宇文周 后周

* 盛乐在今内蒙古自治区和林格尔县西北土城子。

* 邺在今河北省临漳县。

6

孝文帝拓跋宏 北魏献文帝拓跋弘长子。孝文帝五岁即位，当时他的祖母、太皇太后冯氏当国，推行了一系列改革。太和十四年（490 年），孝文帝亲政，继续推进改革事业：从平城（今山西省大同市东北）迁都洛阳；改鲜卑姓氏为汉姓，改变鲜卑风俗、服制、语言，奖励鲜卑族和汉族通婚；评定士族门第，加强鲜卑贵族和汉人士族联合统治；参照南朝典章制度，制定官制朝仪。

北魏 · 石雕蟠龙伎乐人物屏风柱础

东晋与南朝

东晋与南朝人物关系

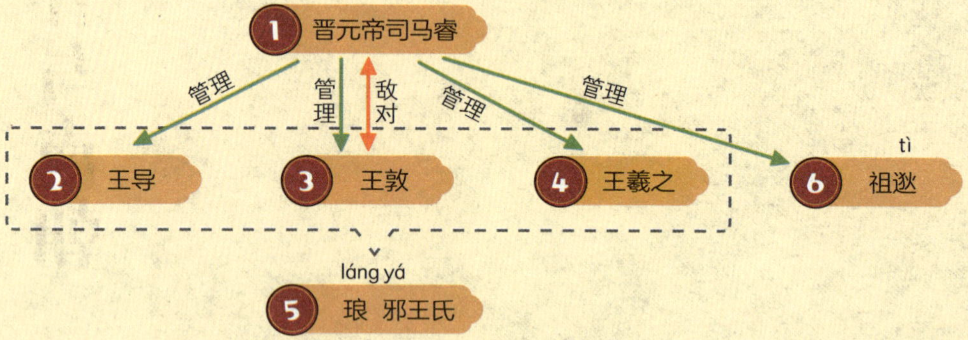

1

晋元帝司马睿 东晋皇帝，字景文。西晋永嘉元年（307 年），司马睿任安东将军、都督扬州江南诸军事。由南渡士族王导主谋，他联合江南大族顾荣、贺循等，抚绥新旧，清静为政，据有长江中下游和珠江流域。建兴四年（316 年），刘曜攻占长安（在今陕西省西安市西北），西晋愍帝死。不久，司马睿即帝位，定都建康（今江苏省南京市），史称“东晋”。后因王敦作乱，他忧愤而死。

2

王导 东晋大臣，字茂弘，琅邪临沂（今山东省临沂市西北）人。司马睿称帝后，他出任丞相，王氏族人多居要职，时称“王与马，共天下”。王导历仕元、明、成三帝，皆居宰辅，他协调南北士族关系，稳定东晋政局，江南经济、文化有所发展。

王导像

3

王敦 东晋大臣，王导堂兄，字处仲。西晋末，他支持司马睿移镇建康，任扬州刺史、都督征讨诸军事，后握重兵屯武昌（今湖北省鄂州市）。西晋灭亡，他与王导等拥立司马睿政权，但自选佐吏，专擅一方。因司马睿抑制王氏势力，王敦于永昌元年（322年）起兵攻入建康，杀元帝心腹刁协、戴渊等，回屯武昌，有篡位之意。太宁二年（324年），王敦病重而死。

4

王羲之 东晋书法家，字逸少。王羲之曾任右军将军、会稽内史，因而人称“王右军”。辞官后，他定居会稽山阴（今浙江省绍兴市）。他曾与谢安等宴集兰亭，写下《兰亭序》。其书备精诸体，尤擅楷行，字势遒美多变化，为历代学书者推崇。王羲之有“书圣”之誉。

5

琅邪王氏 六朝望族。当时，能与琅邪王氏比肩的，唯有陈郡谢氏。因此，世间多以“王谢”并称，后世以之代指中国古代的世家大族。

6

祖逖 东晋名将，字士稚，范阳遒县（今河北省涞水县）人。祖逖家世二千石，他少有大志，闻鸡起舞。西晋末，祖逖率亲党数百家南渡，迁居京口（今江苏省镇江市）。建兴元年（313年），他请求北伐，司马睿任命他为豫州刺史，他率部渡江，誓复中原。祖逖部纪律严明，进屯雍丘（今河南省杞县），收复黄河以南地区，北伐形势一片大好。然而，东晋内部矛盾重重，高层并不真正支持北伐，祖逖忧愤而死。

7

谢安 东晋陈郡阳夏（今河南省太康县）人，字安石。孝武帝时，谢安位至宰相。太元八年（383年），他受命为大都督，沉着指挥，获得淝水大捷。后来，会稽王司马道子执政，谢安被排挤，出镇广陵（今江苏省扬州市），不久回京，病死。

谢安像

8

淝水之战 太元八年，前秦苻坚强征各族人民，组成八十七万大军，分道南下攻晋。晋相谢安命弟谢石、侄谢玄等率北府兵八万迎战。晋军进至淝水（在今安徽省），要求秦兵略向后移，以便渡河决战。苻坚企图乘晋军半渡时猛攻，便挥军稍退。而各族士兵不愿作战，一退即不可止。晋军乘机渡河攻击，秦军大败。

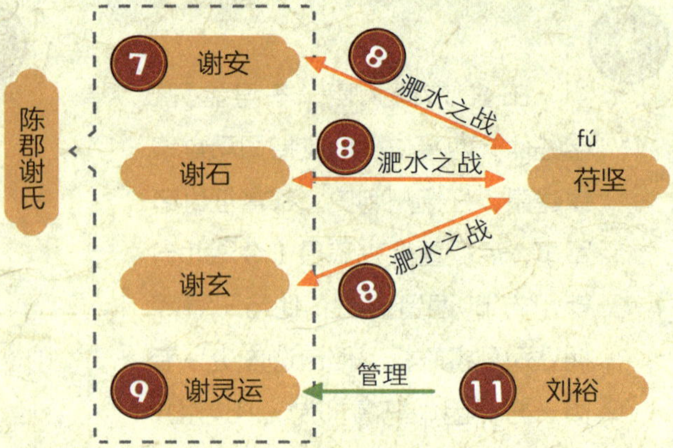

9

谢灵运 南朝宋诗人，谢玄之孙。东晋时，他袭封康乐公，故称“谢康乐”。入宋，他曾任永嘉太守、侍中、临川内史等职，后被杀。其诗善以精丽之语刻画自然景物，开文学史上的山水诗一派。

朝代		创建人	国都	起止年代	史称
10 南朝	宋	11 刘裕	建康	420—479	刘宋
	齐	萧道成	建康	479—502	南齐
	梁	萧衍	建康	502—557	萧梁
	陈	陈霸先	建康	557—589	

10

南朝 420年，东晋灭亡，此后中国南方政权更迭频繁，相继出现宋、齐、梁、陈四个王朝，历史上统称其为“南朝”。

11

刘裕 字德舆，小字寄奴，彭城（今江苏省徐州市）人。刘裕幼年贫穷，后来成为东晋北府兵将领。元兴三年（404年），他击败桓玄，掌握东晋大权。元熙二年（420年），刘裕代晋称帝，国号“宋”，年号“永初”。在位期间，他严禁世家大族隐匿户口、田地，实行土断，省并侨州、郡、县，崇尚俭约，减轻赋税，放免奴客兵士，奠定元嘉小康之治的基础。

隋朝的兴衰

隋朝人物关系

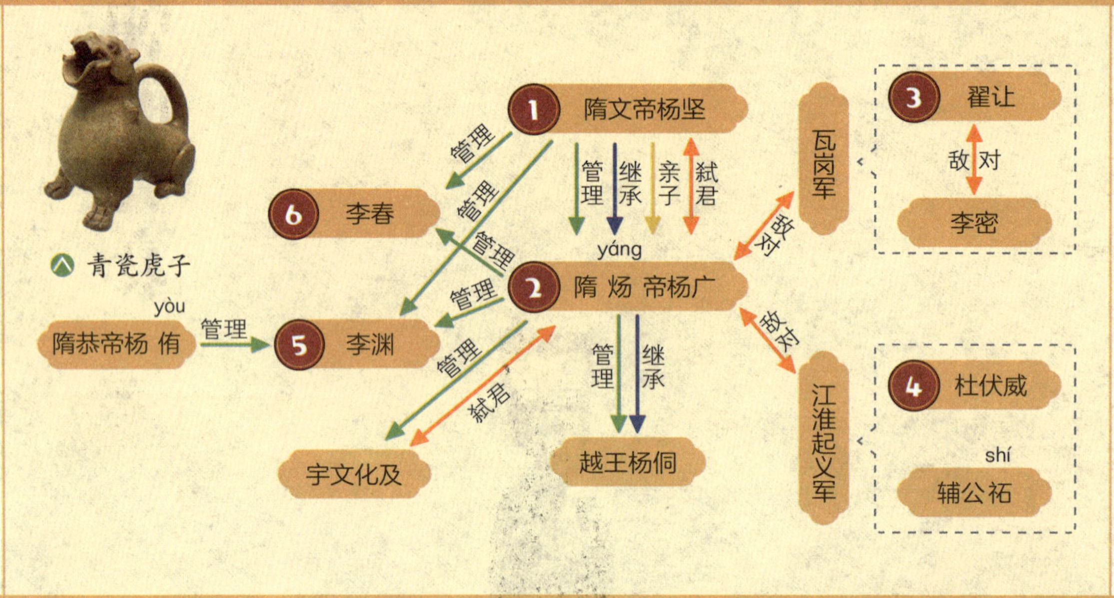

1

隋文帝杨坚 小名那罗延，弘农华阴（今属陕西省）人。北周时，杨坚袭父杨忠爵为隋国公。静帝年幼即位，杨坚任丞相，总揽朝政，进封隋王。大定元年（581 年），他废静帝自立，建立隋朝，改元“开皇”。开皇九年（589 年），杨坚派大军灭掉了南朝陈，统一全国。在位时，他有如下功绩：实行均田制，搜查隐漏农户，削弱豪强，减轻课役，兴修水利；确立三省制，简化地方行政机构；废除九品官人法，以考试选拔人才，九品以上地方官吏均由中央任免；制定开皇律，改革府兵制，加强中央集权。晚年时，他用法严峻，社会矛盾加剧。后来，他被太子广（炀帝）杀死。

隋文帝像

2

隋炀帝杨广 文帝次子，初封晋王。开皇二十年（600年），杨广以阴谋获宠，代兄杨勇为太子。仁寿四年（604年），他杀父即位。在位期间，杨广的功绩如下：营建东都洛阳（今河南省洛阳市隋唐故城），开掘大运河；完善三省六部制，省并州县，整顿户籍；兴办学校，确立科举制。然而，他好大喜功，十余年间，役使农民不下一千万人次，严重破坏社会生产。他还三次发兵高丽，导致兵役繁重。大业七年（611年）起，各地农民起义，豪族也乘机起兵。后来，杨广在江都（今江苏省扬州市）被禁军将领宇文化及等缢杀。

3

翟让 初任东郡法曹，因故被判死刑。后来，翟让被人救出，在瓦岗（今河南省滑县东南）率众起义。大业十二年（616年），他与李密一起，合并附近各部起义军，不断攻城略地。次年，他与李密攻下洛口仓（在今河南省巩义市东北），开仓散粮。后来，翟让推李密为魏公，他自任上柱国、司徒。不久，他被李密杀害。

4

杜伏威 齐郡章丘（今山东省济南市章丘区北）人。大业九年（613年）底，杜伏威与辅公祏起义。大业十三年（617年），杜伏威大败隋将陈棱，乘胜破高邮（今属江苏省），进据历阳（今安徽省和县），自称总管，占有江淮广大地区。次年，他上表隋越王侗，受任东南道大总管。

5

李渊 字叔德，自称西凉李暠后裔。隋大业十三年（617年），李渊任太原留守。当时，农民起义此起彼伏，政局动荡，他趁机在晋阳（今山西省太原市西南）起兵，取长安（在今陕西省西安市），立炀帝孙杨侑为恭帝。次年，李渊迫杨侑退位而自立，建立唐朝。

6

李春 隋代工匠，曾于开皇、大业年间建造赵州桥。该桥位于河北省赵县城南洨河上。在世界桥梁史上，其设计与工艺之新为石拱桥的典范，其跨度之大在当时亦属创举。

大运河

为了加强南北交通，巩固隋王朝的统治，自大业元年（605 年）起，隋朝陆续开凿了一条贯通南北的大运河。大运河的开通，加强了南北地区政治、经济和文化交流，但它的开凿耗费了大量人力和财力，是导致隋朝灭亡的原因之一。

唐朝的繁荣

唐朝前期人物关系

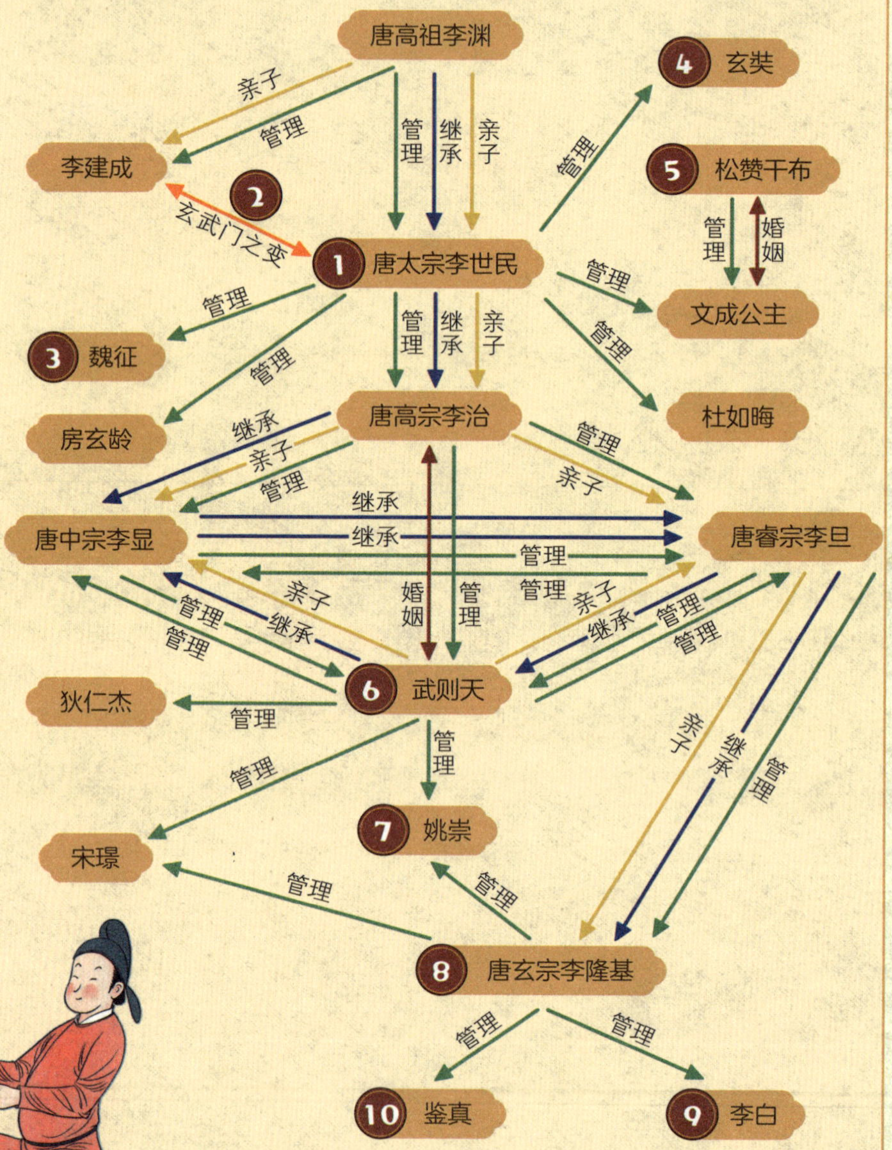

鼓乐演奏者

1

唐太宗李世民 李渊次子。隋大业十三年（617年），李世民随父于晋阳（今山西省太原市西南）起兵。次年，李渊称帝，李世民被封为秦王，任尚书令。武德九年（626年），他发动玄武门之变，不久逼父退位而称帝。在位期间，李世民的功绩如下：轻徭薄赋，减省刑罚，加强对地方官吏考核；修《氏族志》，抑制士族，发展科举制度；任用房玄龄、杜如晦等贤臣，勇于纳谏。当时，唐朝社会安定，经济复苏，他的统治因而被称为“贞观之治”。

唐太宗像

2

玄武门之变 武德九年六月四日（626年7月2日），李世民伏兵玄武门，乘太子李建成等人入朝，突起袭击。世民射死建成，并派人逼迫高祖下令：诸军受秦王（李世民）节制。三天后，高祖立世民为太子，八月正式传位世民，自称“太上皇”。

3

魏征 字玄成，魏郡馆陶（今属河北省）人。唐朝建立后，魏征为太子李建成洗马。唐太宗即位后，魏征担任谏议大夫一职。他性格刚直，知无不言，前后向太宗陈谏二百余事，多被采纳。他提出“兼听则明，偏信则暗”，还引《荀子》语，谓君似舟，民似水，“水能载舟，亦能覆舟”。

魏征像

4

玄奘 通称“三藏法师”，俗称“唐僧”。13岁时，玄奘出家，后遍访名师，精通经论。贞观三年（629年），玄奘西行赴天竺（古印度），在那烂陀寺（在今印度比哈尔邦伯拉冈）从戒贤受学。后来，他游学天竺各地，与一些学者展开辩论，声名大噪。贞观十九年（645年），他回到长安（在今陕西省西安市），译出经论75部，凡1335卷。玄奘对中国佛教思想的发展影响极大。

玄奘像

5

松赞干布 吐蕃赞普。在位时，松赞干布统一青藏高原，定都逻些（今西藏自治区拉萨市），发展生产，创文字，立法律，定官制、军制，建成吐蕃奴隶制政权。唐贞观十五年（641年），他与唐文成公主联姻。

松赞干布始建的布达拉宫

6

武则天 名曌，并州文水（今山西省文水县东）人。十四岁时，武则天被唐太宗选为才人。太宗死后，她入寺为尼，后被高宗召为昭仪。永徽六年（655年），武则天被高宗立为皇后。此后，她渐渐参与朝政。高宗死后，她临朝称制，先后废中宗、睿宗，重用酷吏，打击政敌，杀戮李氏宗室。载初元年（690年），她自称“圣神皇帝”，改国号为“周”，改元“天授”，史称“武周”。当政期间，武则天开创殿试、自荐制度，提拔狄仁杰、姚崇、宋璟等贤臣，能纳谏，劝农桑，薄赋敛，息干戈。到了执政后期，她豪奢专断，佞佛建寺，重用武氏亲戚，颇多弊政。神龙元年（705年），张柬之等发动政变，唐中宗复辟，尊武则天为“则天大圣皇帝”。不久，武则天去世。她的谥号是“大圣则天皇后”，因此后世称她为“武则天”。

武则天像

7

姚崇 字元之，陕州硖石（今河南省三门峡市陕州区东南）人。姚崇历任武则天、睿宗、玄宗朝宰相。睿宗在位时，他因故被贬职。开元初年，他重新任宰相，奏请禁止宦官、贵戚干预朝政，禁绝佛寺道观的营造，奖励群臣劝谏等十事。姚崇明于吏道，励精图治，革除弊政，为“开元之治”奠定了基础。

姚崇像

8

唐玄宗李隆基 睿宗之子。唐隆元年（710年），李隆基与太平公主合谋发动政变，杀韦后，拥睿宗即位，李隆基被立为太子。延和元年（712年），他受禅即位，改元“先天”。次年，李隆基杀太平公主及其党羽，改元“开元”。他任用姚崇、宋璟等为相，整顿武周后期弊政，明赏罚，裁冗官，宽平赋役，兴修水利，倡导节俭。当时，唐朝社会安定，经济发展，人户增加，国势强盛，号为“开元之治”。

唐玄宗像

9

李白 字太白，号青莲居士，自称祖籍陇西成纪（今甘肃省静宁县西南）。青年时代，李白长期在各地漫游，饱览名山大川，对社会生活多所体验。天宝初年，他曾因诗名供奉翰林，但不受重视，又遭权贵谗毁，不久即离开长安。安史之乱中，李白曾入永王李璘幕府，因璘败而受牵连，遭到流放，中途遇赦东还。他的诗风雄奇豪放，想象丰富，语言流转自然，音律和谐多变。李白是自屈原以来最具个性特色和浪漫精神的诗人，他的诗达到了盛唐诗歌艺术的巅峰。他被后人誉为“诗仙”，又与杜甫并称“李杜”。

10

鉴真 本姓淳于，扬州江阳（今江苏省扬州市）人。14岁时，鉴真出家，22岁时受具足戒。他遍研三藏，尤精律藏。天宝元年（742年），鉴真应日本僧人荣叡、普照等邀请东渡，几经挫折，且双目失明。天宝十二载（753年），他与比丘法进、昙静等第六次航行成功，于日本天平胜宝六年（754年）抵日本九州萨摩秋妻屋浦（今九州南部鹿儿岛）。翌年，鉴真在平城京（今日本奈良）东大寺建筑戒坛，传授戒法，为日本佛教徒登坛受戒之始。天平宝字三年（759年），他建唐招提寺（在平城京），传布律宗。他还将中国的建筑、雕塑、医药学等介绍到日本，为中日两国的文化交流作出了卓越贡献。

安史之乱与唐朝衰亡

唐朝中后期人物关系

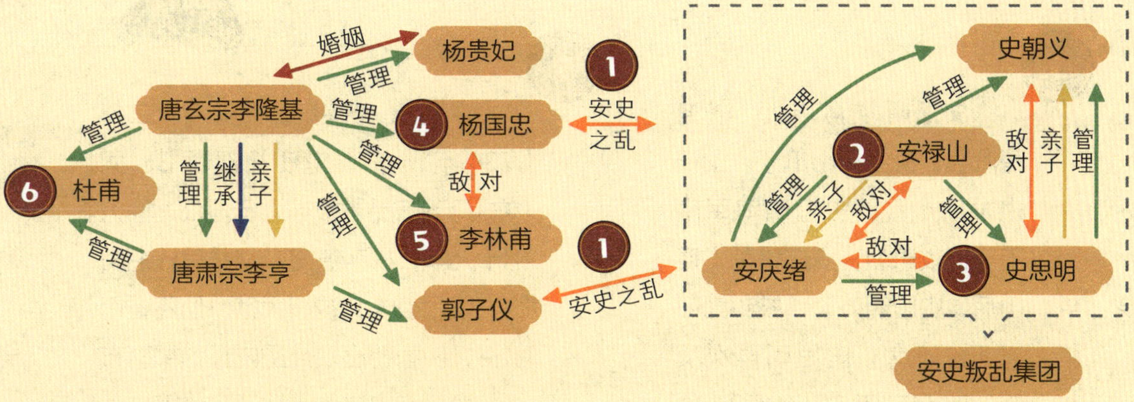

安史之乱 天宝十四载（755 年）十一月，平卢（今辽宁省朝阳市）、范阳（今北京市西南）、河东（今山西省太原市西南晋源镇）三镇节度使安禄山以诛杨国忠为名，在范阳起兵叛乱。短时间内，叛军渡黄河，克洛阳（今河南省洛阳市隋唐故城）。次年，安禄山在洛阳称帝，国号“燕”。六月，叛军进入长安（在今陕西省西安市）。玄宗逃往蜀中，肃宗在灵武（今宁夏回族自治区灵武市西南）即位。至德二载（757 年），安禄山被其子安庆绪杀害，唐将郭子仪等收复长安、洛阳，安庆绪退守邺郡（今河南省安阳市）。乾元二年（759 年），叛将史思明杀安庆绪，在范阳自称“燕帝”。两年后，史思明被其子史朝义杀害。广德元年（763 年），史朝义自杀，叛乱被平定。

郭子仪像

2

安禄山 胡人。他骁勇善战，逐渐升迁到重要的职位上。与此同时，安禄山的反叛之心也日益滋长。他手握重兵，广布心腹，以严庄、高尚等为谋士，养同罗、契丹壮士，终于在天宝十四载举兵叛变。

唐三彩人偶

3

史思明 突厥族人，以骁勇著称，为安禄山爪牙。安禄山发动叛乱，史思明率军南下，进攻唐朝。安庆绪杀安禄山后，史思明降唐，被封为归义王。不久，史思明再次反叛。乾元二年（759 年），他在魏州（治今河北省大名县东北）称大圣燕王，年号“应天”。不久，他杀掉安庆绪。

4

杨国忠 杨贵妃堂兄。天宝初年，因杨贵妃受玄宗宠幸，杨国忠由监察御史迁侍御史。他曾两次发动攻南诏之战，丧师二十万。天宝十一载（752 年），与他交恶的李林甫死，他代为右相，权倾朝野，结党营私。安史之乱中，杨国忠随玄宗南逃，行至马嵬驿（今陕西省兴平市西）时被禁军杀死。

5

李林甫 唐宗室。开元二十二年（734 年），李林甫任礼部尚书、同中书门下三品，被封为晋国公。他为相十九年，权势甚盛。李林甫杜绝言路，任用小人，屡起大狱。他还重用蕃将，使唐朝出现外重内轻的军事布局，为“安史之乱”埋下了伏笔。

6

杜甫像

杜甫 唐代诗人。杜甫自幼好学，知识渊博，颇有政治抱负。然而，他仕途不畅，又遭遇安史之乱，一生颠沛流离，对社会状况有较深的认识。杜甫的诗大胆揭露了当时的社会矛盾，对穷苦人民寄以深切的同情。他善于选择具有普遍意义的社会题材，反映当时政治的腐败。杜甫的许多优秀作品显示出唐代由开元、天宝盛世转向动荡衰微的历史过程，被称为“诗史”。他与李白齐名，世称“李杜”。宋代以后，杜甫被尊为“诗圣”。

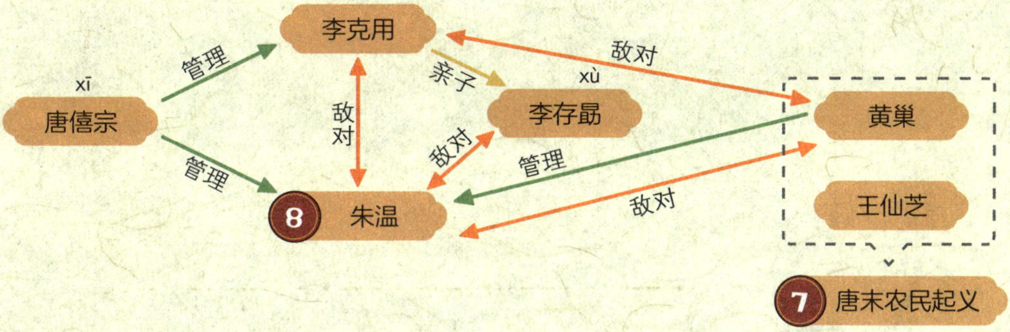

7

唐末农民起义 乾符元年（874 年），王仙芝率数千人在长垣（今河南省长垣市东北）起义。次年，黄巢聚众响应，与王仙芝合兵。王仙芝战死后，黄巢被推举为起义军首领，号冲天大将军，建元“王霸”，众至十多万。王霸三年十二月（881 年 1 月），起义军进入长安。黄巢在此即皇帝位，国号“大齐”，改元“金统”。唐僖宗召李克用包围长安，起义军被迫撤出。后来，黄巢率军全力围攻陈州（今河南省周口市淮阳区），损失惨重。金统五年（884 年），起义军退至泰山附近，黄巢不屈自杀。起义沉重打击了唐王朝的腐朽统治。

8

朱温 五代时期的开创者。乾符四年（877 年），朱温参加黄巢起义军。中和二年（882 年），他投降唐军，次年被封为节度使。他曾与李克用父子争霸中原二十余年。天佑四年（907 年），他代唐自立，都汴（今河南省开封市），国号“梁”，建元“开平”，史称“后梁”。唐朝至此灭亡。

五代十国

五代十国人物关系

时代	朝代 / 国名	创建人	都城	起止年代
五代	后梁	朱温	汴	907—923
	后唐	李存勖（xù）	洛阳*	923—936
	后晋	❶ 石敬瑭（táng）	汴	936—946
	后汉	刘知远	汴	947—950
	后周	❷ 郭威	汴	951—960
十国	吴	杨行密	广陵*	902—937
	前蜀	王建	成都*	903—925
	楚	马殷	长沙*	907—951
	吴越	❹ 钱镠（liú）	杭州	907—978
	闽	王审知	长乐*	909—945
	南汉	刘龑（yǎn）	广州*	917—971
	荆南（南平）	高季兴	荆州*	924—963
	后蜀	孟知祥	成都	933—965
	南唐	徐知诰 [即李昪（biàn）]	金陵	937—975
	北汉	刘旻（mín）	太原*	951—979

* 洛阳即今河南省洛阳市隋唐故城。
* 广陵在今江苏省扬州市。
* 成都即今四川省成都市。
* 长沙即今湖南省长沙市。
* 长乐即今福建省福州市。
* 广州即今广东省广州市。
* 荆州即今湖北省荆州市荆州区。
* 太原在今山西省太原市西南。

五代·莲花形铭文镜

❶

石敬瑭 沙陀部人，李嗣源（后唐明宗）之婿。后唐时，石敬瑭任河东节度使，镇守太原。清泰三年（936 年），他起兵反叛，向契丹乞援，后来他攻灭后唐，并受契丹册封为帝，建都汴（今河南省开封市），国号“晋”，建元“天福”，史称“后晋”。石敬瑭向契丹割让燕云十六州，称契丹主为“父皇帝”，自称“儿皇帝”。

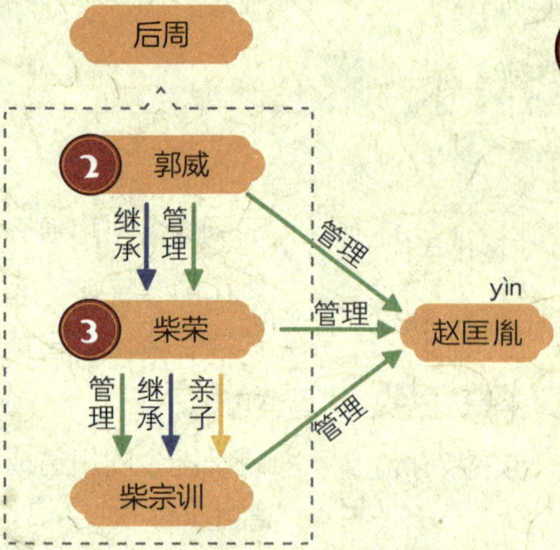

2

郭威 五代周的建立者。后汉时，郭威为邺都（今河北省大名县东北）留守。乾祐四年（951 年），他代汉称帝，建都汴，国号“周”，建元“广顺”，史称“后周”。在位时，郭威倡节俭，废苛法，惩贪污，招抚流散，积蓄力量，北方社会渐渐安定了下来。

郭威像

3

柴荣 郭威养子。郭威死后，柴荣继任为后周皇帝。对内，他改革政治，选拔人才，惩治贪污，奖励耕垦，崇尚俭约。对外，他采纳“先易后难”的策略，不断攻城略地，扩大后周的地盘，为北宋统一奠定了基础。然而，柴荣早逝，其幼子柴宗训即位，这给了禁军将领赵匡胤夺取政权的机会。

柴荣像

4

钱镠 五代时吴越国建立者。后梁开平元年（907 年），钱镠受封为吴越王，建都杭州（今浙江省杭州市）。在位时，他自奉节俭，赏罚分明，劝课农桑，招徕商旅。钱镠还修建钱塘江海塘，并在太湖流域广造堰闸。

捍海塘

今浙江省杭州市区东南沿钱塘江的海塘。后梁开平四年（910 年），吴越王钱镠为防止江潮入侵，在候潮门、通江门外筑成。后世称之为“钱氏捍海塘”，简称“捍海塘”。

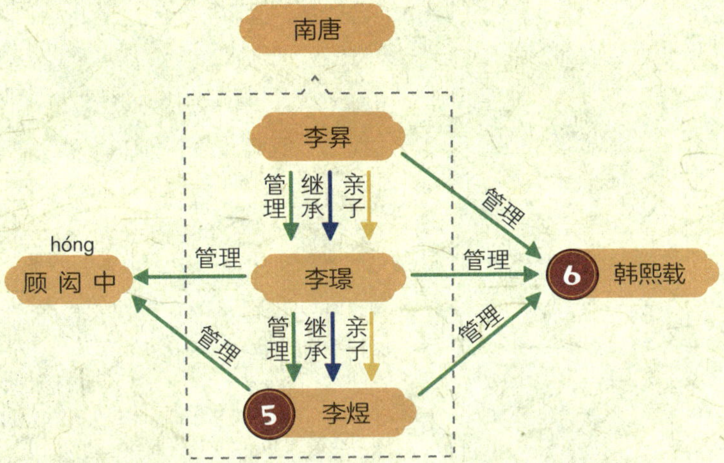

5

李煜 南唐国主，世称“李后主”。北宋开宝八年（975年），宋兵攻陷南唐都城金陵（今江苏省南京市），李煜出降，后被宋太宗毒死。在中国文学史上，李煜的词占有一席之地。他的词形象鲜明，语言生动，在题材与意境上突破了晚唐五代词以写艳情为主的窠臼。

6

韩熙载 后唐同光进士。因他的父亲被杀，韩熙载投奔吴国。南唐代吴之后，他历事李昪（烈祖）、李璟（中主）、李煜（后主）三朝，累迁户部侍郎、兵部尚书、中书侍郎等。后来，因朝中纷争激烈，国势渐衰，韩熙载便纵情声色以避祸。南唐画家顾闳中曾作画《韩熙载夜宴图》。

《韩熙载夜宴图》局部

北宋的统治

北宋人物关系

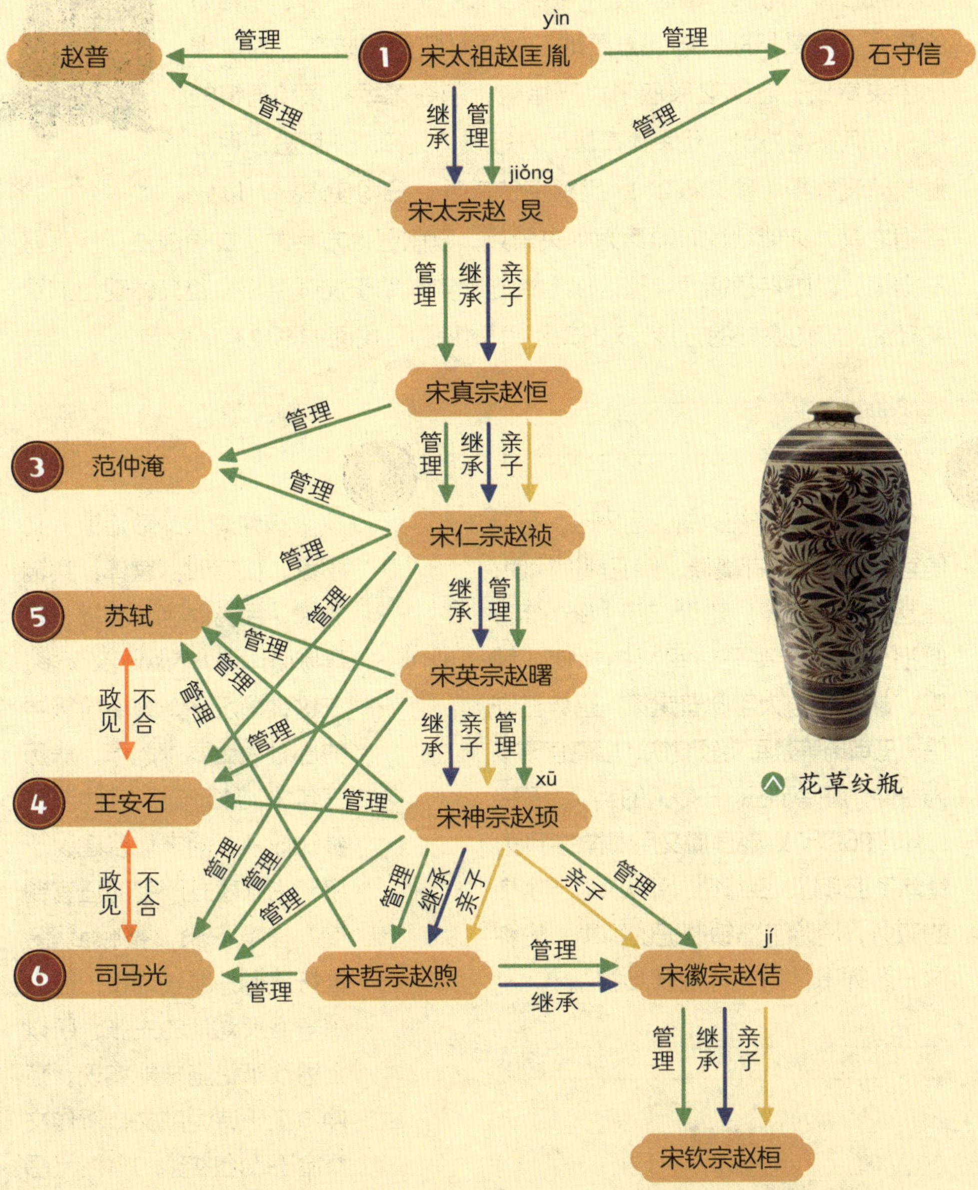

yìn
1 宋太祖赵匡胤
赵普
2 石守信
jiǒng
宋太宗赵炅
宋真宗赵恒
3 范仲淹
宋仁宗赵祯
5 苏轼
宋英宗赵曙
4 王安石
xū
宋神宗赵顼
6 司马光
宋哲宗赵煦
jí
宋徽宗赵佶
宋钦宗赵桓
管理
继承
亲子
政见不合

花草纹瓶

1

宋太祖像

宋太祖赵匡胤 宋王朝的建立者。后周时，赵匡胤任殿前都点检，领宋州归德军节度使，掌握兵权。960 年，他在陈桥（今河南省封丘县东南）发动兵变，即帝位，国号宋，建元“建隆”。他攻灭后蜀、南汉、南唐诸国，结束了割据的局面，并选用得力的将领，命其长期驻防北方要地，加强对契丹的防御。为了强化中央集权，赵匡胤采取了以下措施：削夺禁军将领和藩镇的兵权，派文臣外出，代军人掌握地方行政，又派遣使臣分掌地方财政；设副相（参知政事），用枢密使掌兵，三司使理财，以分宰相之权；选精壮地方厢兵为中央禁兵，以削弱地方兵力；立更戍法，使兵将不相知，以防将领拥兵自重。以上措施确实有助于加强皇权，但其体现出的重文轻武、守内虚外的方针，对宋朝“积贫积弱”局面的形成有所影响。

2

石守信 北宋初大将。后周时，石守信官至禁军殿前都虞候、侍卫都指挥使，是赵匡胤的心腹。建隆二年（961 年），他担任侍卫亲军马步军都指挥使。同年，赵匡胤与大臣赵普定策，召集石守信、王审琦等禁军将领宴饮，以高官厚禄为条件，解除了石、王等人的兵权。开宝二年（969 年），赵匡胤又用同样的手段，免除了王彦超、武行德、郭从义等节度使的职务，消除了藩镇割据的隐患。史称这一系列事件为“杯酒释兵权”。

毕昇

宋代发明家。据《梦溪笔谈》记载，毕昇在庆历年间首创活字印刷术。

3

范仲淹 北宋政治家、文学家。仁宗时，官俸、兵饷激增，民穷财困，西夏、辽国威胁边境，农民起义渐多。在这种情况下，统治阶级中的部分人士要求改革。庆历三年（1043 年），范仲淹任参知政事，向宋仁宗建议十事，主张建立严密的任官制度，注意农桑，整顿武备，推行法制，减轻徭役。因为保守派反对他的主张，所以上述改革措施未能实现。范仲淹工于诗词散文，所作文章富于政治内容。其中，《岳阳楼记》有名句“先天下之忧而忧，后天下之乐而乐”。

4

王安石 北宋政治家、思想家、文学家。嘉祐三年（1058年），王安石向仁宗上万言书，主张变法，但他的建议未被采纳。神宗即位后，他得到了皇帝的赏识。熙宁二年（1069年），王安石任参知政事，次年出任宰相。他陆续推行均输、青苗、农田水利、免役、市易、方田均税、置将、保甲、保马等新法，史称“王安石变法”。由于遭到保守派的强烈反对，新政的推行困难重重。熙宁七年（1074年），王安石被罢免，次年他再度拜相，熙宁九年（1076年）又遭罢职。王安石是“唐宋八大家”之一。

王安石像

5

苏轼 北宋大臣、文学家。神宗时，苏轼反对王安石新法，但也有改革弊政的要求。他与父亲苏洵、弟弟苏辙合称“三苏”，均位列“唐宋八大家”。苏轼的文章汪洋恣肆，明白畅达；他的诗清新豪健，善用夸张比喻，在艺术表现方面独具风格；他的词开豪放一派，对后代很有影响。

6

司马光 北宋大臣、史学家。治平三年（1066年），司马光撰成时间断限为战国至秦的《通志》，这部书得到了英宗的重视，英宗命他设书局续修。神宗即位后，为这部书赐名《资治通鉴》。王安石推行新政，司马光竭力反对，强调祖宗之法不可变。熙宁四年（1071年），司马光退居洛阳（今河南省洛阳市），以书局自随，并继续编撰《资治通鉴》，至元丰七年（1084年）书成。

司马光像

辽、西夏与北宋的并立

辽、西夏与北宋人物关系

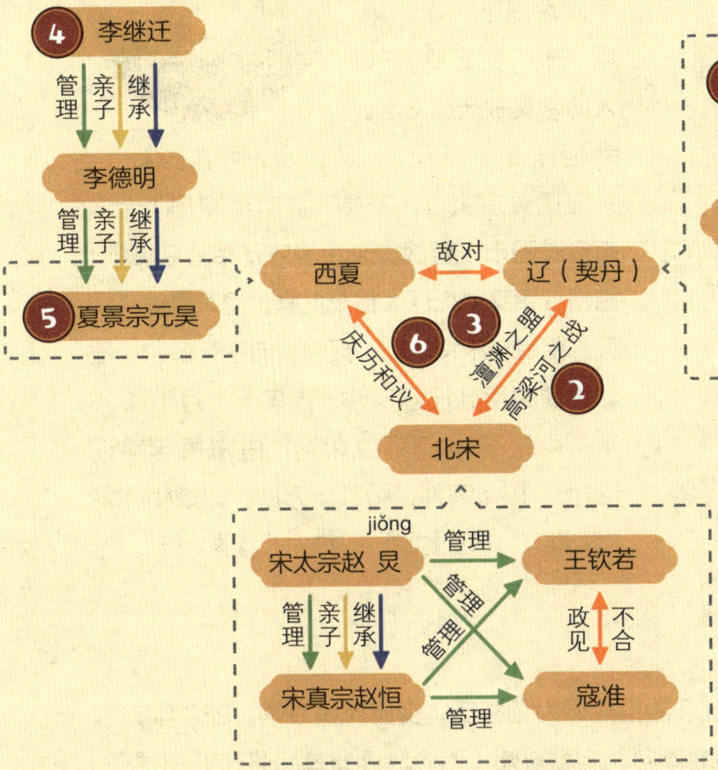

北宋·定窑印花纹盘

1

辽太祖耶律阿保机 辽王朝的建立者，耶律氏，契丹迭剌部人。10 世纪初，耶律阿保机统一了契丹八部，控制了邻近的室韦、女真等族。907 年，他取代遥辇氏任联盟长，后平定诸弟之乱，任用汉人韩延徽等，改革礼俗，建筑城郭，制作契丹文字，发展农商。916 年，耶律阿保机称帝，建立契丹国家，年号“神册”。947 年，辽太宗改国号为“辽”。983 年，辽圣宗复改国号为“契丹”。1066 年，辽道宗又改国号为“辽”，直至 1125 年辽亡。

辽·镂花鎏金冠

2

高梁河之战 北宋太平兴国四年（979年），宋太宗灭北汉后，乘胜率师攻辽，击败辽将耶律奚底、萧讨古等军，包围辽南京（今北京市西南隅），城中大震。辽以全力救援，辽、宋两军战于高梁河（今北京市西直门外），辽将耶律休哥与耶律斜轸左右夹击，耶律学古也开城接应。宋军大败，尽失兵仗粮饷。

3

澶渊之盟 北宋景德元年（1004年），辽承天太后与圣宗亲率大军南下，深入宋境。宋大臣王钦若等人请宋真宗迁都南逃。宰相寇准表示反对，并促请真宗亲征。于是，真宗至澶州（今河南省濮阳市）督战。宋军坚守辽军背后城镇，澶州守军又射死辽大将萧挞凛。辽军恐腹背受敌，希望与宋军议和。真宗一向主张议和，便派遣曹利用赴辽营谈判。当年十二月（1005年1月），宋与辽订立和约，由宋每年输辽“岁币”银十万两、绢二十万匹。因澶州亦名“澶渊郡”，故史称这一和约为“澶渊之盟”。

宋真宗像

4

李继迁 党项族。李继迁的祖先原为拓跋氏，受唐代赐姓李。982年，李继迁的族兄定难军留后李继捧向北宋献夏州（治今陕西省靖边县东北白城子）等五州之地，李继迁逃至夏州东北，抗宋自立。他联结豪族，转迁无常，渐渐强大。后来，他归附辽、宋，并接受宋赐姓名赵保吉。1002年，李继迁攻取宋灵州（今宁夏回族自治区灵武市西南），改灵州为西平府，以此为统治中心。

5

夏景宗元昊 李继迁之孙，定难军节度使、西平王李德明之子。1032年，元昊嗣位，改唐、宋所赐姓为嵬名氏，下秃发令，行蕃礼蕃俗。1038年，元昊称帝，国号“大夏”，定都兴庆府（今宁夏回族自治区银川市）。在位期间，他立官制，制礼仪，造文字，建蕃学。他对宋、辽作战屡次获胜，推动形成了宋、辽、夏鼎立局面。

6

庆历和议 元昊称帝后，宋朝拒绝承认元昊为帝王，也不承认西夏的独立地位，宋夏矛盾激化。宋朝移兵西北军事要塞，并关闭榷场，封锁西夏。此后数年间，西夏接连对宋发动战争，西夏多次取胜，亦曾遭遇挫败。由于宋夏贸易因战争而中断，西夏的生活必需品得不到补给，面临巨大的经济压力。庆历四年（1044 年），宋夏之间达成和议。和议的主要内容为：元昊取消帝号，由宋册立其为夏国王；宋岁赐夏绢 13 万匹、银 5 万两、茶 2 万斤；两国重开边榷贸易。

南宋的偏安

金、两宋人物关系

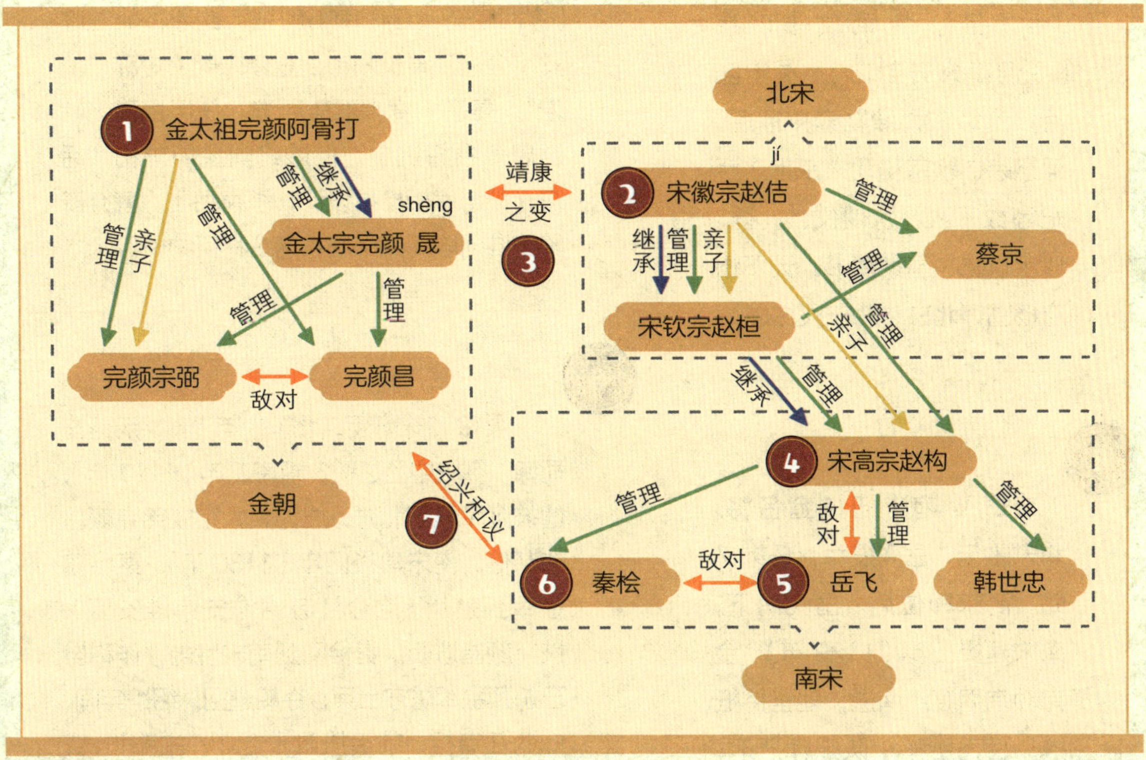

1

金太祖完颜阿骨打 女真族完颜部首领。辽天庆三年（1113 年），完颜阿骨打继任都勃极烈，逐步统一邻近部落。次年，他率两千五百人誓师反辽。1115 年，完颜阿骨打称帝，国号“金”，年号“收国”。后来，他顺利攻占辽五京，又约宋攻辽。金天辅七年（1123 年），完颜阿骨打病死。

2

宋徽宗赵佶 北宋皇帝、书画家。即位后，宋徽宗任用蔡京等奸臣主持国政。蔡京排除异己，大兴土木，劳民伤财。宋徽宗尊信道教，大建宫观，自称“教主道君皇帝”。他还搜刮江南的奇花异石，称“花石纲”。当时，社会矛盾激化，多地爆发了农民起义。

3

靖康之变 北宋靖康元年闰十一月二十五日（1127 年 1 月 9 日），金军攻破东京（今河南省开封市）。次年四月，金军在大肆勒索搜括后，俘徽宗、钦宗和北宋宗室、后妃等数千人，携仪仗、礼器、珍宝玩物、皇家藏书、天下州府地图等北去。北宋灭亡。

4

宋高宗赵构 南宋皇帝，徽宗之子、钦宗之弟。徽、钦二帝被俘后，赵构在应天（今河南省商丘市南）即位。此后，他在临安（今浙江省杭州市）重建宋朝，史称“南宋”。高宗一度因形势所迫，任用岳飞、韩世忠等名将抗金，但最终向金朝求和。后来，他与宰相秦桧设计，杀害岳飞，割弃秦岭、淮河以北的土地，向金称臣纳贡。

5

岳飞 南宋初抗金名将。北宋末年，岳飞投军，任秉义郎。高宗即位后，岳飞南下。南宋建炎三年（1129 年），金完颜宗弼渡江南进，他坚持抵抗。岳飞所率军队纪律严明，英勇善战，称“岳家军”。绍兴十年（1140 年），岳飞与完颜宗弼战于郾城（今河南省漯河市），岳家军大败金军。当时，高宗、秦桧一意求和，以十二道金牌下令岳飞退兵。回临安后，岳飞被解除兵权，任枢密副使。不久，他被人诬陷谋反而下狱。绍兴十一年十二月二十九日（1142 年 1 月 27 日），岳飞因“莫须有”的罪名被杀害。

6

秦桧 南宋奸臣。北宋末年，秦桧历任左司谏、御史中丞之职。靖康二年（1127 年），他被金军俘到北方，成为金太宗族弟完颜昌的亲信。南宋建炎四年（1130 年），秦桧随金军至楚州（治今江苏省淮安市淮安区），被完颜昌遣归。秦桧回到南宋境内，诈称自己杀死金军防守士兵，夺船逃回。绍兴年间，他两任宰相，前后执政十九年，主张投降，成为高宗宠臣，但遭到广大南宋人民的唾弃。

7

绍兴和议 南宋绍兴八年（1138 年），秦桧拜相，与金达成和议。不久，金朝发生政变，完颜宗弼杀完颜昌，并发兵攻宋。于是，和议被废。郾城大捷后，高宗、秦桧一意求和。绍兴十一年（1141 年），南宋又与金议和，并达成以下条款：宋、金间东以淮河，西以大散关（今陕西省宝鸡市西南）为界，宋向金称臣，每年向金贡纳银、绢各二十五万两、匹。

元朝的统一

元朝人物关系

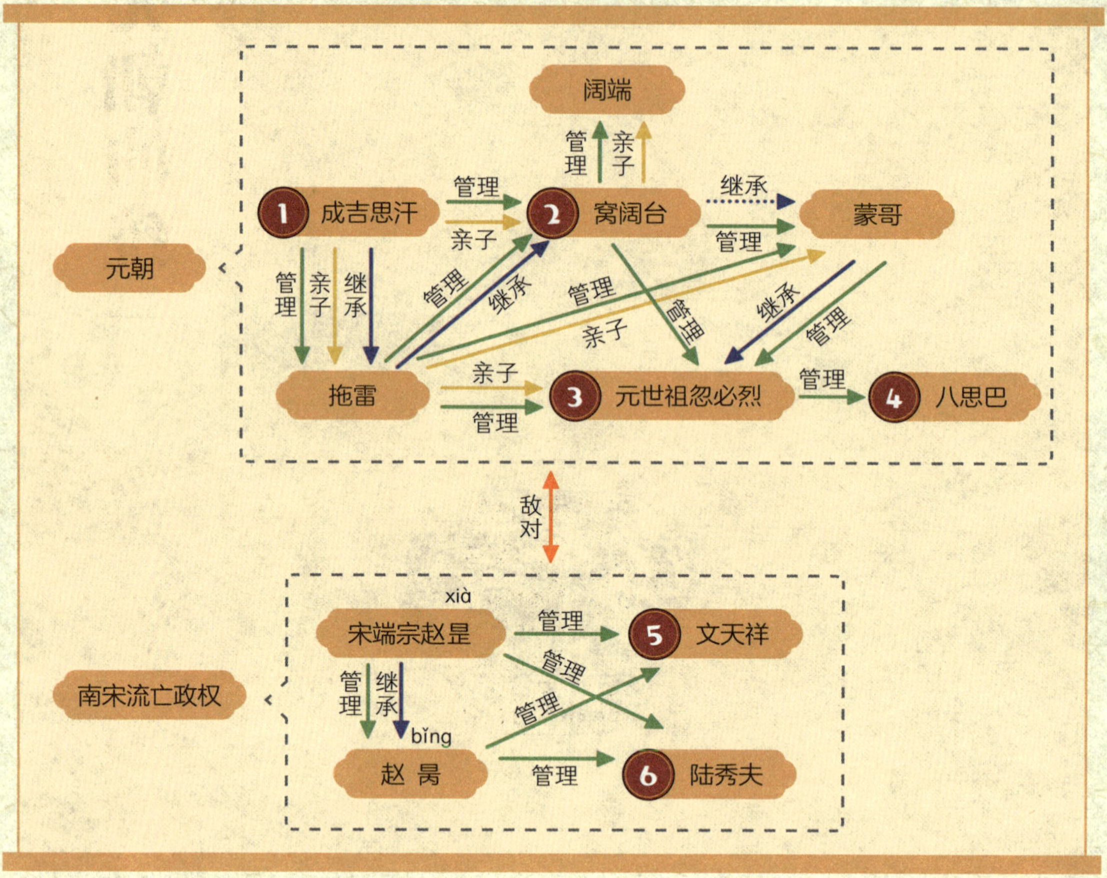

1

成吉思汗 古代蒙古首领、军事家和政治家，名铁木真。铁木真出生于蒙古乞颜部孛儿只斤氏族。12 世纪末 13 世纪初，他先后统一蒙古诸部，于 1206 年被推为大汗，称“成吉思汗”（蒙古语“海洋”或“强大”之意），建立蒙古汗国。成吉思汗六年（1211 年）和十年（1215 年），他大举攻金，直到黄河北岸，占领中都（今北京市西南隅）。成吉思汗十四年（1219 年），成吉思汗第一次西征，占领了中亚的大片土地，并将其分封给长子术赤、次子察合台和三子窝阔台。成吉思汗二十二年（1227 年），成吉思汗灭西夏，在六盘山病死。元朝建立后，他被追尊为元太祖。

2

窝阔台 成吉思汗第三子，蒙古大汗。早年，窝阔台参加攻金、西征。西征后，他受封于今额尔齐斯河上游和巴尔喀什湖以东地区。1229 年，窝阔台被推为大汗。次年，他与弟弟拖雷分道攻金。窝阔台汗六年（1234 年），窝阔台与宋联合灭金。在位期间，他采用“汉法”，建立驿站，设官分掌军民诸事。

3

元世祖忽必烈 元代皇帝，蒙哥之弟。蒙哥汗九年（1259 年），蒙哥死。次年，忽必烈在开平（今内蒙古自治区正蓝旗东闪电河北岸）即大汗位。至元元年（1264 年），忽必烈定都燕京（后称“大都”，即今北京市）。至元八年（1271 年），他定国号为“元”，此后逐步统一了全国。在位期间，他吸收汉族王朝的统治经验，建立包括行省制度在内的各项制度，加强对边地的控制，注重农桑，兴修水利，使社会经济得以恢复、发展。

元世祖像

4

八思巴 藏传佛教萨迦派首领。幼时，八思巴跟从伯父萨班，依附蒙古王子阔端（窝阔台次子），住西凉（今甘肃省武威市）。蒙哥汗三年（1253 年），八思巴被忽必烈召至身边，受佛戒。中统元年（1260 年），他被封为“国师”。至元元年（1264 年），他领总制院（1288 年改为宣政院）事，管理全国佛教事宜和藏族地区行政事务。八思巴还奉命创制蒙古新字（即八思巴字）。

5

文天祥 南宋大臣、文学家。德祐元年（1275 年），文天祥听说元兵东下，便在赣州（治今江西省赣州市）组织义军，入卫临安（今浙江省杭州市）。次年，他出任右丞相，并出使元军议和，被扣留。后来，文天祥脱险，与张世杰、陆秀夫等坚持抗元。祥兴元年（1278 年），他在五坡岭（在今广东省海丰县北）被俘。次年，他被送至大都，经威胁利诱，始终不屈。元世祖至元十九年十二月初九日（1283 年 1 月 9 日），文天祥被害。在大都狱中，他曾作《正气歌》，为世人传诵。

6

陆秀夫 南宋大臣。德祐二年（1276 年），临安陷落。当时，陆秀夫任礼部侍郎。后来，他与陈宜中、张世杰等拥赵昰为帝，继续抗元。赵昰死，他又和张世杰等立赵昺为帝，任左丞相，在厓山（在今广东省江门市新会区南）坚持抵抗。厓山被攻破时，陆秀夫背负赵昺投海死。

明朝的统治

明朝人物关系

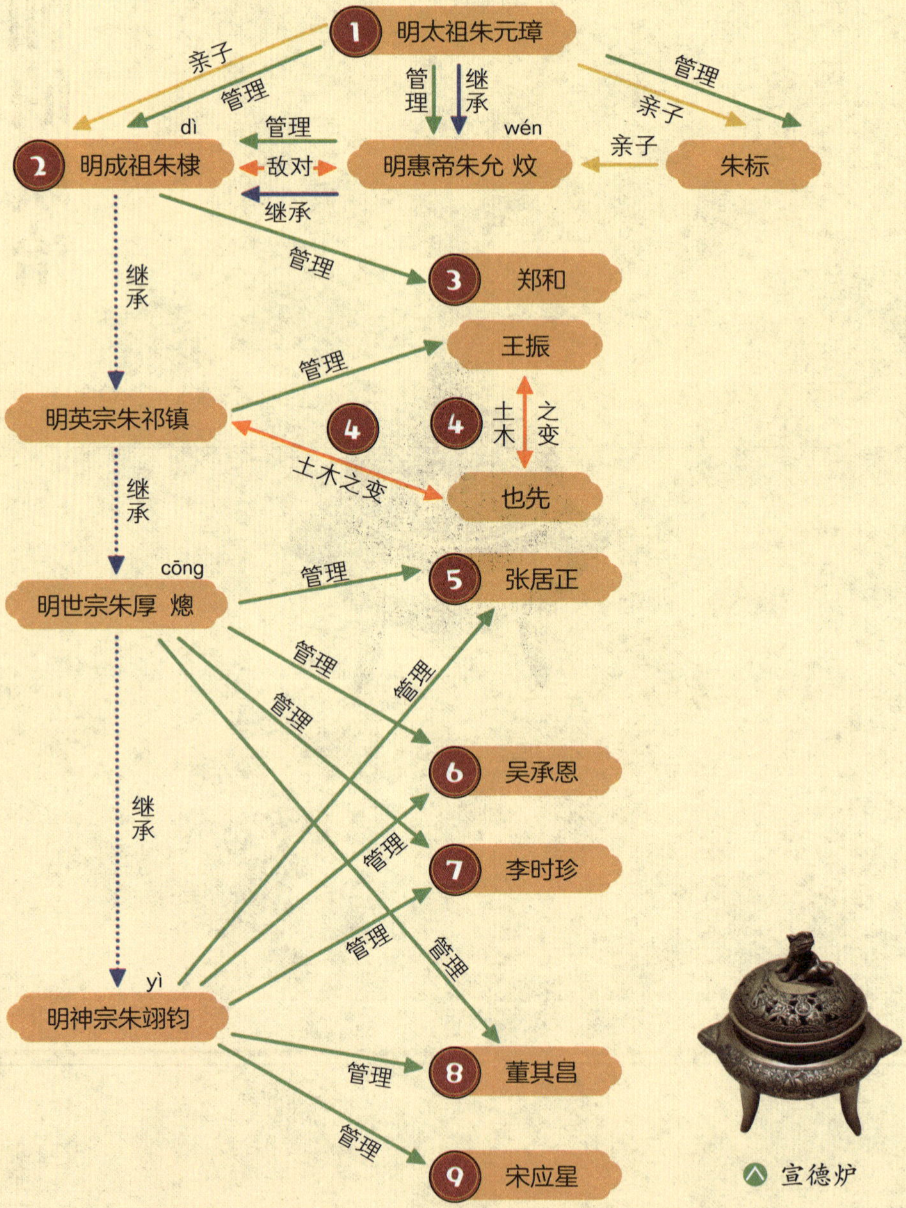
1 明太祖朱元璋
2 明成祖朱棣 dì
明惠帝朱允炆 wén
朱标
3 郑和
王振
明英宗朱祁镇
4 土木之变
也先
5 张居正
明世宗朱厚熜 cōng
6 吴承恩
7 李时珍
明神宗朱翊钧 yì
8 董其昌
9 宋应星
亲子
管理
继承
敌对
土木之变

宣德炉

1

明太祖朱元璋 明王朝的建立者。元至正十二年（1352年），朱元璋参加郭子兴部红巾军，后自立一军。龙凤二年（1356年），他攻下集庆，改名“应天府”（治今江苏省南京市）。后来，朱元璋接受朱升“高筑墙，广积粮，缓称王”的建议，壮大自己的军力。此后，他逐步消灭陈友谅等割据势力，并于1368年称帝，国号“明”，年号“洪武”，以应天府为京师。同年，明军攻克大都（今北京市），推翻元朝的统治，此后逐步统一了全国。朱元璋在位期间，明朝的社会经济文化有所发展。

明太祖像

2

明成祖朱棣 明代皇帝，太祖第四子。早年，朱棣被封为燕王，镇守北平（今北京市）。建文元年（1399年），他以“清君侧”为名起兵“靖难”，于建文四年（1402年）攻破京师（今江苏省南京市），夺取了惠帝的帝位。永乐元年（1403年），朱棣改北平为北京。永乐十九年（1421年），他迁都北京，改京师为南京，以北京为京师。在位期间，朱棣屡次出兵打击蒙古贵族的势力，保障了明朝北部边境的安定。

3

郑和 明代航海家，本姓马。明初，郑和入宫做宦官，从燕王起兵，被赐姓郑，任内官监太监。永乐三年（1405年），郑和率舰队通使西洋（今文莱以西的海域），两年而返。此后，他屡次航海。至宣德八年（1433年），郑和共七次出国，遍访三十多个国家和地区，最远曾达非洲东岸和红海海域。

4

土木之变 正统十四年（1449年），瓦剌贵族也先分兵四路攻明。当权宦官王振挟持英宗，率军五十万人亲征，至大同（今山西省大同市），听说前方小败，王振心中恐惧，便令大军撤退。后来，王振想要英宗临幸他的家乡蔚州（今河北省蔚县），于是变更行军路线。当年八月，明军在土木堡（今河北省怀来县东）被瓦剌军追及。明军将士饥渴疲劳，仓促应战，死伤过半，英宗被俘，王振也死于乱军中。

5

张居正 明政治家，嘉靖进士。隆庆元年（1567年），张居正入阁。神宗即位，张居正出任首辅。他前后当国十年，实施了如下改革措施：推行考成法，提高行政效率；清丈土地，使天下田较弘治时增加三百万顷；在全国范围内推行一条鞭法；用谭纶、戚继光等练兵，加强防御鞑靼贵族的攻掠；用潘季驯主持修治黄、淮，都有成效。

6

吴承恩 明代文学家，著有古典文学名著《西游记》。《三国演义》《水浒传》《红楼梦》《西游记》被称为“四大名著”。

位于江苏省淮安市的吴承恩故居

7

李时珍 明代医药学家。李时珍出身于医学世家。他继承家学，致力于药物和脉学研究，重视临床实践与革新。他常上山采药，向农民、渔民、樵夫、药农等请教，并参考历代有关书籍800余种，对药物加以鉴别考证，纠正古代本草书籍中的药名、品种、产地等错误，又收集整理宋元以来民间发现的药物，充实内容，经二十七年著成《本草纲目》。

8

董其昌 明代书画家、画论家。书法方面，董其昌与邢侗、张瑞图、米万钟并称“明末四大书家”。绘画方面，他擅山水，讲究笔致墨韵。在画论上，他标榜“士气”，以佛家禅宗喻画，倡“南北宗”之说，并推崇“南宗”为文人画正脉。

9

宋应星 明代科学家，万历举人。宋应星长期在地方做官，崇祯十七年（1644年）他弃官回乡，后曾仕南明。他著有《天工开物》，这是中国古代科学技术名著。

清朝前期

清朝前期人物关系

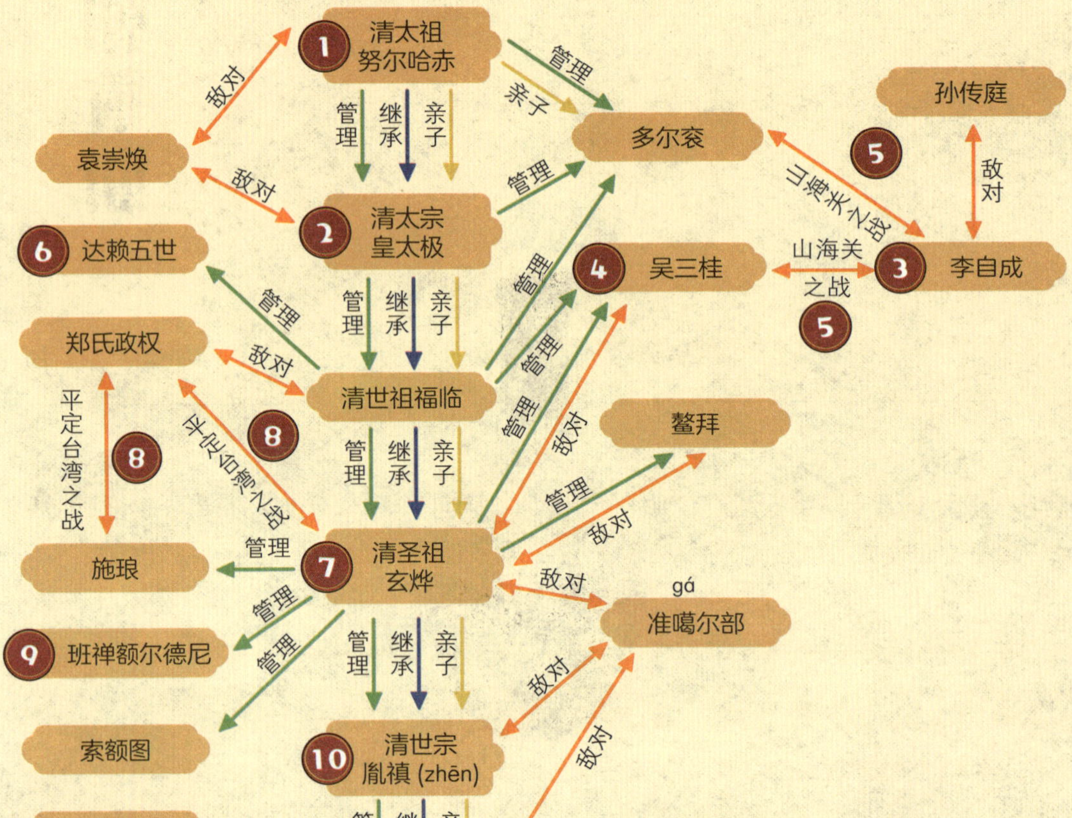

乾隆紫地珐琅彩花卉纹瓶

1

清太祖努尔哈赤 后金创立者，满族，爱新觉罗氏。努尔哈赤的先世受明朝册封，为建州左卫（明中叶以后在今辽宁省新宾满族自治县境内）都指挥使。明万历十一年（1583年），努尔哈赤以祖、父遗甲十三副起兵，后逐步统一建州各部。此后，他又合并松花江流域的海西各部和长白山东北的东海诸部。在统一过程中，他创建八旗制度，并命人用蒙古文字母创制满文。1616年，努尔哈赤在赫图阿拉（今新宾西老城）即汗位，国号“金”（史称“后金”），建元“天命”。天命三年（1618年），他起兵反明。萨尔浒之战后，后金的势力进入辽河流域。天命十一年（1626年），努尔哈赤进攻宁远（今辽宁省兴城市），被袁崇焕击败，受伤，不久病死。

清太祖像

2

清太宗皇太极 清代皇帝，努尔哈赤第八子。天命十一年（1626年），皇太极即后金汗位，年号“天聪”。天聪十年（1636年），他改后金为“清”，称皇帝，年号“崇德”。在位期间，皇太极增编“八旗蒙古”“八旗汉军”，加强了对东北边疆各少数民族的统治。为夺取全国政权，他屡次对明用兵。

3

李自成 明末农民起义领袖。崇祯三年（1630年），李自成加入农民起义军。后来，他投奔闯王高迎祥，在军中号称“闯将”。高迎祥死后，李自成继承了“闯王”的称号。崇祯十三年（1640年）夏，李自成的部队由房县（今湖北省房县）进入河南（治今河南省开封市），声势大振。当时，中原灾荒严重，社会矛盾极度尖锐。李自成提出“均田免赋”等口号，获得广大人民的欢迎，因而出现了“迎闯王，不纳粮”的歌谣。在这个时期，李自成的部队发展到百万之众，连战连捷，成为农民战争中的主力军。崇祯十六年（1643年），李自成在河南歼灭明陕西总督孙传庭的主力，不久乘胜进占西安（今陕西省西安市）。次年正月，他建立大顺政权，年号“永昌”。此后，他攻克北京（今北京市），推翻明王朝。不过，明将吴三桂勾结清军入关，双方联合进攻农民军。李自成迎战失利，退出北京并南下。永昌二年（1645年），他在通山（今湖北省通山县）被地主武装杀害。

4

吴三桂 字长白，武举出身。明末，吴三桂驻防山海关（在河北省秦皇岛市东北）。李自成攻克北京后，吴三桂倒向清军，后来成为清初三藩之一，实际上已割据西南。康熙十二年（1673 年），清廷下令撤藩，吴三桂便举兵叛乱，自称“周王”。康熙十七年（1678 年），他在衡州（治今湖南省衡阳市）称帝，国号“大周”，建元“昭武”。不久，吴三桂病死，他的继承人后来被清军消灭。

吴三桂像

5

山海关之战 大顺军与吴三桂、清军争夺山海关之役。崇祯十七年（1644 年），大顺军攻占北京，明驻守山海关之宁远总兵吴三桂拒绝李自成的招降，还向清政府求救。四月十三日，李自成亲率大军前往征讨。清摄政王多尔衮亦率军由宁远向山海关推进。二十一日，李、吴军战于山海关城下。双方激战终日，未决胜负。次日，大顺军再度猛攻，吴军势将不支。当时，多尔衮已进驻关东一带。吴三桂紧急突围，前去求援，多尔衮才派军参战。李自成率大军与清军、吴军决战。适逢大风骤起，沙尘蔽天，清军趁机以精骑突击，大顺军全线崩溃，被迫退回北京。

山海关

6

达赖五世 藏传佛教格鲁派（黄教）首领，本名阿旺罗桑嘉措。清顺治九年（1652 年），他亲到北京朝觐。次年，他受封为“西天大善自在佛所领天下释教普通瓦赤喇怛喇达赖喇嘛”，从此确立了达赖系统在西藏的地位。

7

清圣祖玄烨 清代皇帝，世祖第三子。因为玄烨的年号为“康熙”，所以史称“康熙帝”。康熙帝八岁即位，当时贵族鳌拜等专擅朝政，吴三桂等三藩日益强大。亲政后，康熙帝于康熙八年（1669 年）逮捕鳌拜，将其革职拘禁。他又下令削藩，并于康熙二十年（1681 年）平定三藩的叛乱。两年后，康熙帝攻灭台湾郑氏政权。康熙二十四年（1685 年），他出兵驱逐盘踞在雅克萨（今俄罗斯的阿尔巴津）的沙俄侵略军，遏制了沙俄侵华的野心。康熙二十八年（1689 年），他派索额图等与沙俄订立《中俄尼布楚条约》，确定了中俄东段边界。此外，康熙帝还多次平定准噶尔部的叛乱，加强了多民族国家的统一。

8

平定台湾之战 顺治年间，南明将领郑成功在福建（治今福建省福州市）沿海一带率军抗清。康熙元年（1662 年），他领军渡海，驱逐荷兰殖民者，收复台湾。康熙二十二年（1683 年）六月，清军将领施琅率水师两万余人，兵分三路，经七日激战，攻克澎湖列岛，全歼郑军精锐。随后，清军进逼台湾本岛。闰六月，郑氏政权献表请降。八月，施琅奉旨赴台湾接受郑氏归降。自此，台湾重新回到中央政府统治之下。

9

班禅额尔德尼 简称“班禅”，藏传佛教格鲁派（黄教）地位最高的两大活佛之一。康熙五十二年（1713 年），清朝中央政府册封班禅五世罗桑意希为班禅额尔德尼，正式确定了班禅额尔德尼的地位。此后，历世班禅额尔德尼转世确认，必经中央政府册封批准。

10

清世宗胤禛 清代皇帝，圣祖第四子。因为胤禛的年号为“雍正”，所以史称“雍正帝”。在位期间，雍正帝的主要功绩如下：建立军机房（后改“军机处”）；实行摊丁入亩，以保证赋税收入；在西南少数民族聚居区，推行“改土归流”；设置驻藏大臣；继续镇压准噶尔部；与沙俄订立了《中俄布连斯奇界约》和《中俄恰克图界约》，划定了中俄中段边界。

11

清高宗像

清高宗弘历 清代皇帝，世宗第四子。因为弘历的年号为“乾隆”，所以史称“乾隆帝”。在位期间，乾隆帝的主要功绩如下：继续平定准噶尔部；消灭天山南路大小和卓木的势力；镇压大小金川土司（在今四川省）的叛乱；拒绝英国特使马戛尔尼提出的通商要求，抵制西方殖民主义东扩；完成《四库全书》《明史》《续文献通考》《皇朝文献通考》等书籍的编纂。到了统治后期，乾隆帝任用和珅二十年，大长贪污之风，政治更加腐败。当时，地主阶级不断进行土地兼并，社会矛盾非常尖锐。在乾隆帝晚年，各族人民起义的规模越来越大，清王朝开始由盛而衰。

12

和珅 清满洲正红旗人，钮祜禄氏。乾隆时，和珅由侍卫升迁为户部侍郎兼军机大臣，累官至文华殿大学士。乾隆帝对他倍加宠信。任职期间，和珅结党营私，招权纳贿。嘉庆帝（清仁宗颙琰）恨其专横。乾隆帝死后不久，嘉庆帝便下令逮捕和珅，宣布其罪状二十款，责令其自杀，并抄没了和珅的巨额家产。因此，当时有“和珅跌倒，嘉庆吃饱”之语。

13

渥巴锡 卫拉特蒙古土尔扈特部首领。因不堪沙俄政府压迫，渥巴锡与策伯克多尔济、舍楞等于乾隆三十五年十一月（1771 年 1 月）至三十六年六月（1771 年 7 月）率族起义，自额济勒河（今伏尔加河）下游东返祖国伊犁河畔。乾隆三十六年九月，渥巴锡朝觐乾隆帝，受封为卓哩克图汗。